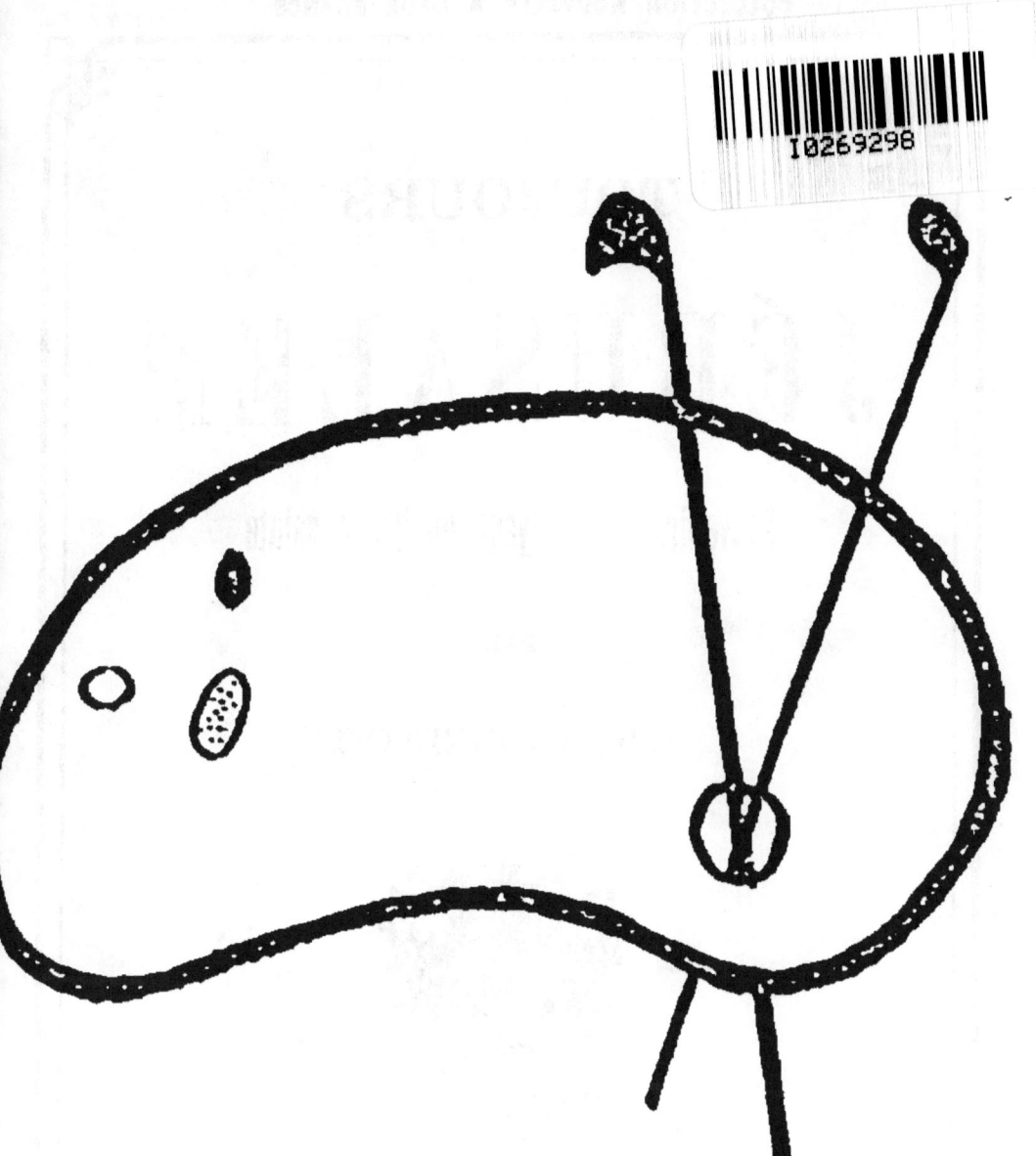

COUVERTURE SUPERIEURE ET INFERIEURE EN COULEUR

COLLECTION NOUVELLE A DEUX FRANCS

TOUJOURS JÉRUSALEM

Souvenirs d'un voyage en Terre sainte

PAR

J.-T. DE BELLOC

PARIS
SOCIÉTÉ GÉNÉRALE DE LIBRAIRIE CATHOLIQUE
VICTOR PALMÉ, Directeur général
Rue des Saints-Pères, 76

BRUXELLES	GENÈVE
J. ALBANEL, Dʳ DE LA SUCCURSALE	H. TREMBLEY, Dʳ DE LA SUCCURSALE
12, rue des Paroissiens.	rue Corraterie, 4.

1884

MÊME LIBRAIRIE

Le Pèlerinage de pénitence à Jérusalem, par le comte HENRI DE L'ÉPINOIS. — Brochure in-8°, de 32 pages. . . 50 c.

Mon Pèlerinage aux Lieux saints, par l'abbé L.-F. GARNIER, professeur au petit séminaire de Langres. — 3 vol. in-12, de IX 512, 467 et 496 pages. . . . . 9 fr.

Souvenir d'un pèlerinage à Jérusalem (août et septembre 1856), par M. VALLÉE, curé de Pezé-le-Robert, diocèse du Mans. — 1 vol. in-8°, de VIII-140 pages. . . . . 2 fr.

Jérusalem, notes de voyage, par le comte LE LÉTOURVILLE. — 1 vol. in-12, de 218 pages . . . . 2 fr. 50

Orient — Syrie, journal de voyage, dédié à sa famille, par Mme la comtesse JULIETTE DE ROBERSART, auteur des *Lettres d'Espagne*. — 2 vol. in-12, de II-307 et 429 pages. . 6 fr.

Orient — Éygpte, journal de voyage, dédié à sa famille, par la même. — 1 vol. in-12, de 362 pages. . . . . 3 fr.

La Syrie et la Terre sainte au XVIIe siècle, ou Voyages et Travaux des Pères de la Compagnie de Jésus en Syrie, par le P. JOSEPH BESSON, S. J. — Nouvelle édition, revue par un Père de la même Compagnie. — 1 vol. in-8°, de XV-462 pages . . . . 5 fr.

Le Calvaire et Jérusalem, d'après la Bible et Josèphe, par l'abbé B.-F. COULOMB. — 1 beau vol. in-8°, de 412 pages, orné d'un plan de Jérusalem . . . . 6 fr.

Lieux saints inviolables et authentiques, par le R. P. PHILPIN DE RIVIÈRES, prêtre de l'Oratoire de Londres. — 1 vol. in-12, de IV-334 pages . . . . 2 fr.

TOUJOURS JÉRUSALEM

Souvenirs d'un voyage en Terre sainte

MÊME LIBRAIRIE

Le Pèlerinage de pénitence à Jérusalem, par le comte HENRI DE L'ÉPINOIS. — Brochure in-8º, de 32 pages. . 50 c.

Mon Pèlerinage aux Lieux saints, par l'abbé L.-F. GARNIER, professeur au petit séminaire de Langres. — 3 vol. in-12, de IX-512, 467 et 496 pages. . . . . 9 fr.

Souvenir d'un pèlerinage à Jérusalem (août et septembre 1856), par M. VALLÉE, curé de Pezé-le-Robert, diocèse du Mans. — 1 vol. in-8º, de VIII-110 pages. . . . . 2 fr.

Jérusalem, notes de voyage, par le comte DE LÉTOURVILLE. — 1 vol. in-12, de 218 pages . . . . 2 fr. 50

Orient — Syrie, journal de voyage, dédié à sa famille, par Mme la comtesse JULIETTE DE ROBERSART, auteur des *Lettres d'Espagne*. — 2 vol. in-12, de II-307 et 429 pages. . 6 fr.

Orient — Éygpte, journal de voyage, dédié à sa famille, par la même. — 1 vol. in-12, de 362 pages. . . . . 3 fr.

La Syrie et la Terre sainte au XVIIe siècle, ou Voyages et Travaux des Pères de la Compagnie de Jésus en Syrie, par le P. JOSEPH BESSON, S. J. — Nouvelle édition, revue par un Père de la même Compagnie. — 1 vol. in-8º, de XV-462 pages . . . . 5 fr.

Le Calvaire et Jérusalem, d'après la Bible et Josèphe, par l'abbé B.-F. COULOMB. — 1 beau vol. in-8º, de 412 pages, orné d'un plan de Jérusalem . . . . 6 fr.

Lieux saints inviolables et authentiques, par le R. P. PHILPIN DE RIVIÈRES, prêtre de l'Oratoire de Londres. — 1 vol. in-12, de IV-334 pages . . . . 2 fr.

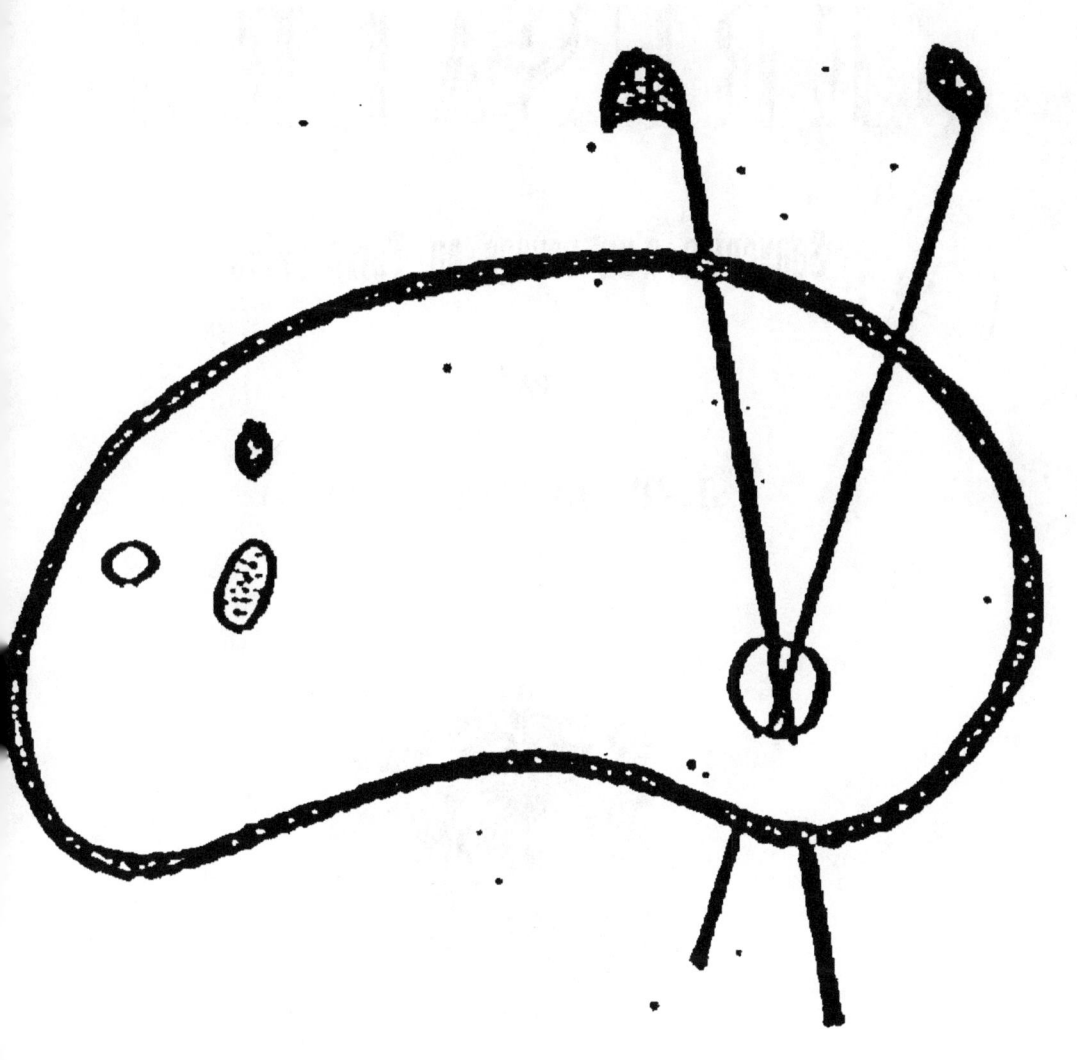

ORIGINAL EN COULEUR
NF Z 43-120-8

TOUJOURS
JÉRUSALEM

Souvenirs d'un voyage en Terre sainte

PAR

J.-T. DE BELLOC

PARIS
SOCIÉTÉ GÉNÉRALE DE LIBRAIRIE CATHOLIQUE
VICTOR PALMÉ, Directeur général
Rue des Saints-Pères, 76

BRUXELLES	GENÈVE
J. ALBANEL, Dʳ DE LA SUCCURSALE	H. TREMBLEY, Dʳ DE LA SUCCURSALE
12, rue des Paroissiens.	rue Corraterie, 4.

1884

INTRODUCTION

Belle parole du Père Lacordaire. — La Croisade française des pèlerinages. — Les œuvres d'Orient.

Il faut avoir vu les lieux sanctifiés par le divin Sauveur, il faut avoir prié dans les sanctuaires qui rappellent toutes les circonstances de la vie et de la mort de Jésus-Christ, pour comprendre les émotions de joie et de douleur que ressent le pèlerin à la vue de cette terre bénie.

Beaucoup d'écrivains ont décrit les saints lieux d'une manière remarquable; mais cet Orient n'est-il pas comme le champ de Booz? n'y peut-on trouver à glaner après la moisson?

Le Père Lacordaire a dit, avec autant d'éloquence que de vérité, que les lieux saints sont pour le monde ce que les astres sont pour le firmament : une source de lumière, de chaleur et de vie[1].

C'est à ce foyer divin que nous sommes allés réchauffer notre foi et honorer le signe de la Rédemption, ce signe qu'on voudrait bannir de notre malheureuse patrie. Non : la France est chrétienne; elle ne reniera pas ses croyances. C'est pour les affirmer qu'elle fait des pèlerinages, c'est pour demander le salut de la patrie que de nouveaux croisés se sont acheminés vers la sainte montagne où l'Homme-Dieu est mort pour le

[1]. Sainte-Marie-Magdeleine.

salut du monde. « Prier et souffrir pour la France, Dieu le veut! » Tel a été le cri de guerre de cette pacifique croisade. Les sacrifices et les souffrances volontaires sont une semence qui porte toujours des fruits. Et si ces fruits ne mûrissent pas encore en France, Jérusalem a vu la croix portée en triomphe dans ses rues, quand jusque-là ce signe rédempteur demeurait renfermé dans les sanctuaires. Ces mille pèlerins qui lui faisaient cortège ont pu constater chez les musulmans une respectueuse admiration.

En Orient, nos victoires sont assurées à l'ombre de la croix, que nos pères ont conquise, mais qui, depuis les croisades, n'avait plus reçu aucun hommage public dans la ville sainte.

La petite croix rouge que les pèlerins portaient ostensiblement sur l'épaule gauche était leur meilleure sauvegarde dans les rues de Jérusalem.

En ce moment la question d'Orient préoccupe plus que jamais le monde catholique. Jérusalem et les lieux saints sont le centre du mouvement extraordinaire auquel s'attache l'avenir d'un pays autrefois si prospère et maintenant malheureux. Aux catholiques incombe l'important devoir de soutenir de leur influence et de leurs charités les œuvres de l'Orient. Espérons que les fidèles qui ne peuvent visiter la Terre sainte y enverront des aumônes aux œuvres dirigées par les Français, et que le pèlerinage de pénitence donnera un nouvel élan à ces pacifiques croisades, où la foi va se rajeunir à son berceau.

I

Le Départ.

Enthousiasme. — Conversations. — Lyon. — Marseille. — N.-D. de la Garde. — Mgr Robert. — la Bénédiction des Croix.

Un appel avait été fait pour entreprendre cette pacifique croisade. Mille voix y avaient répondu.

Deux navires, *la Picardie* et *la Guadeloupe*, étaient frétés dans le port de Marseille. Le départ est fixé au 27 avril. A Paris se forme le groupe principal, et l'on quitte la capitale le mardi 25 avril, à deux heures de l'après-midi.

Pendant le trajet de Paris à Marseille, de fraternels rapports s'établissent entre les pèlerins, animés d'une même foi et d'un même enthousiasme.

La France catholique accompagne de ses vœux et de ses prières cette pieuse caravane, composée de mille personnes résolues à quitter leur bien-être pour inaugurer, au milieu de difficultés inouïes, le premier pèlerinage de pénitence.

En nous comblant de grâces spéciales, Dieu nous a montré qu'il acceptait notre sacrifice et nous dédommagerait au centuple de ce que nous faisions pour sa gloire. Tous les cœurs étaient unis; tous les esprits, joyeux de cette pensée:

Nous allons à Jérusalem, nous allons voir le saint Sépulcre.

Au moment de quitter Paris, nous entonnons le *Magnificat* dans les wagons; à Lyon, nous saluons la Vierge immaculée par le chant de l'*Ave maris Stella*; et le soir, 26 avril, tous les pèlerins sont réunis à la *Major*, cathédrale de Marseille, où le R. P. Picard, directeur du pèlerinage, nous adresse une chaleureuse allocution.

« Êtes-vous prêts, dit-il, à sacrifier votre vie pour affirmer votre foi? » — « Oui! oui! nous sommes prêts à donner notre vie, » s'écrient tous les pèlerins. Le P. Picard leur demande ensuite un sacrifice plus grand encore : celui de leur volonté, en faisant vœu d'obéissance. « Nous le jurons! » répondent avec transport tous les pèlerins.

Le directeur, ému comme son auditoire, prononce alors l'acte de consécration; et, au sortir de cette cérémonie, les pèlerins, on peut le dire, n'ont plus qu'un cœur et qu'une âme.

Le lendemain matin, à sept heures, tous sont réunis à Notre-Dame de la Garde, où Mgr Robert, évêque de Marseille, a bien voulu célébrer la messe du départ et adresser la parole aux nouveaux croisés.

Monseigneur termine son discours par ces mots gracieux : « Pèlerins de la pénitence, que deux anges prennent place sur les vaisseaux qui vous emportent vers les lieux saints ; que l'ange de la Palestine et l'ange de la Provence vous conduisent, vous protègent et vous ramènent. »

Ensuite Mgr Robert bénit les croix et les donne aux prêtres et aux laïques placés dans le sanctuaire (deux religieux les distribuent au reste des pèlerins), en prononçant ces belles paroles liturgiques :

« Reçois le signe de la croix, au nom du Père,
« du Fils et du Saint-Esprit, comme une image
« de la passion et de la mort de Jésus-Christ, afin
« qu'elle soit un gage de protection pour ton
« corps et pour ton âme, et que, par la grâce de
« la bonté divine, ton voyage terminé, tu puisses
« revenir sain et sauf chez les tiens. »

Sur cette croix, que les pèlerins ont portée sur leur poitrine pendant tout le pèlerinage, est inscrite cette fière devise : *Servire Domino Christo*, Servir le Seigneur Christ.

Sur la montagne de la Garde se renouvelle, pour ainsi dire, la scène de la plaine de Clermont, quand le pape Urbain II donna la croix aux premiers croisés.

Cette croisade était guerrière, tandis que la nôtre est toute pacifique.

II

L'Embarquement.

Coup de canon. — *Ave maris Stella*. — Gros temps. — Les chevaliers français du XIX⁰ siècle. — Dominicains et Capucins. — Grand'messe, vêpres et salut à bord. — Ouverture du mois de Marie. — Poésie et éloquence. — Rencontres. — Érection de la Croix. — Débarquement à Caïffa.

En descendant de Notre-Dame de la Garde, nous sommes accueillis par le mistral. Malgré la bourrasque, l'embarquement a lieu à onze heures, on active les préparatifs comme si le bâtiment devait lever l'ancre à l'heure fixée.

Cependant la mer est furieuse : la soirée se passe sans démarrer. La distribution des lits sur *la Picardie* se fait assez péniblement, car ce n'est pas chose facile que de caser plus de cinq cents pèlerins dans un navire peu disposé pour abriter tant de monde.

Vers quatre heures du matin, la mer s'apaise. Bientôt après, un coup de canon annonce le départ. Nous nous hâtons de monter sur le pont. *La Guadeloupe*, partie quelques minutes avant nous, fait les signaux d'adieux. Le R. P. Picard entonne le chant de l'*Ave maris Stella*, et les pèlerins, groupés autour de leur directeur, mêlent leurs voix dans ce cantique d'amour et d'espérance.

Au sortir du port, on agite les mouchoirs, on pousse des acclamations enthousiastes : « Vive le Pape ! vive la France ! vive Jérusalem ! » Le soleil brille dans tout son éclat au moment où nous passons près de Notre-Dame de la Garde, à laquelle nous adressons d'ardentes supplications.

A peine entrés en mer, nous sommes assaillis par ce que les marins appellent un gros temps. De grandes vagues passent par-dessus le pont : il faut se cramponner à sa banquette pour ne pas rouler par terre ; plusieurs personnes sont blessées légèrement en faisant des chutes, et je vois transporter une pauvre dame le visage ensanglanté et à moitié évanouie.

Au bout de peu de temps, tout le monde est en proie aux tortures du mal de mer ; partout on n'entend que des gémissements et des soupirs, qu'un vent impétueux emporte vers le ciel.

La journée du samedi est encore fort pénible. Peu de personnes ont la force de se traîner sur le pont. Au moment du lever du soleil, il se fait toujours un certain calme : il importe de profiter de ce moment de répit pour respirer l'air frais, qui est le remède souverain contre le mal de mer.

Au milieu de ce jour, la tempête s'apaise : le mal de mer est promptement oublié. Dans l'après-midi, nous dépassons *la Guadeloupe*, qui, ses voiles déployées, avait vogué de concert avec nous, quoique à une trop grande distance pour que les passagers des deux navires pussent avoir aucune communication.

Une charmante intimité s'était établie parmi les pèlerins, qui ne se ressentaient plus de leur malaise. Un groupe de jeunes gens appartenant au meilleur monde formait, pour ainsi dire, l'état-major du R. P. Picard et de M. de Belcastel. En toute occasion payant de leur personne, ils avaient bien voulu s'offrir pour aider à servir les tables des premières, installées au salon, tandis que le beau temps avait permis de monter sur le pont celles de 2e et 3e classes, et de prendre les repas en plein air.

On était tout ému d'être servi par M. de Belcastel et par M. de la Croix; on se croyait transporté aux temps de la chevalerie, en voyant d'élégants jeunes gens, tels que MM. de Viloutrey et de Montbel, M. le comte de Romance, circuler autour des tables pour présenter les plats.

En passant au-dessus de l'Adriatique, nous avons un peu de roulis, mais le temps reste beau. Chaque jour on récite le rosaire; deux éloquents pères dominicains, les RR. PP. Lavy et Momus, font des instructions sur les différents mystères. Un religieux capucin, le R. P. Marie-Antoine, préside le chemin de la croix, et parle avec l'éloquence entraînante qui le distingue. Il fait aussi chanter des cantiques et entretient la gaîté sur le gaillard d'avant.

Le dimanche 30 avril, à l'aube du jour, on lave le pont; les autels sont préparés pour les messes, qui commencent à six heures. C'est la fête du patronage de saint Joseph : un autel lui est dédié. Dans toutes les parties du pont sont placés des autels portatifs : on dit la messe aux quatre points cardinaux. Le gaillard d'arrière est transformé en chapelle : des voiles et des pavillons forment l'enceinte de ce sanctuaire improvisé. Le commandant Fortier travaille lui-même à la décoration de l'autel, placé entre deux canons. La messe du pèlerinage est célébrée très solennellement à sept heures. Le magnifique chant du *Credo*, se répandant sur les flots, nous paraît plus imposant encore sous ce splendide horizon et dans l'immensité de l'Océan, temple sublime qu'aucune architecture ne peut égaler. La messe de l'équipage a lieu à huit heures et demie. Officiers et matelots sont en tenue; les officiers occupent des places réservées du côté de l'Évangile. Ce premier dimanche passé en mer a été célébré aussi solennellement que dans nos grandes paroisses aux jours de fête; au milieu de cette foule compacte, réunie sur le pont à vêpres, nous croyions un instant nous trouver dans l'église de notre paroisse à Paris.

Dans l'après-midi, on organise des chants pour l'ouverture du mois de Marie. Un jeune officier du bord nous prête le concours de son talent sur le violoncelle. Notre aimable commandant fait transporter le piano du salon sur le pont : et nous avons de beaux morceaux de piano et de violoncelle, faisant diversion avec le chant des cantiques.

Le jour où la mer se montre clémente, la vie à bord de *la Picardie* a bien ses charmes. Le pont présente l'aspect le plus animé : on cause, on lit, on dessine. Les muses sont fort bien représentées sur notre navire. M. le comte de Coupigny nous dit de charmantes poésies de sa composition : *Les Expulsés, les Briseurs de crucifix, le Pain de chez nous*. L'éloquence marche de pair avec la poésie : M. de Belcastel nous adresse quelquefois des discours fort applaudis.

Toute la journée du lundi, le temps est superbe, le ciel sans nuage. De temps en temps un navire apparaissant à l'horizon se rapproche et échange un salut avec notre bâtiment.

Mercredi 3 mai, dans l'après-midi, on procède à l'érection de la grande croix d'olivier à l'avant, sur la passerelle de la dunette. Le mauvais temps avait empêché de la faire au départ. Le P. Marie-Antoine trouve dans son âme d'apôtre des accents incomparables en plantant cette croix sur le navire. Il raconte les souffrances de *la Picardie* jusqu'au jour où la croix est venue régner sur son bord. Placé sur le gaillard d'avant, entouré d'un groupe nombreux de pèlerins, le P. Marie-Antoine parle à la foule dispersée au-dessous, le long des bastingages. L'état-major est sur la passerelle en face de l'orateur. Les matelots chantent avec nous :

Chrétiens, chantons à haute voix :
Vive Jésus ! vive sa croix !

M. de Belcastel prend ensuite la parole; d'une voix émue il invite l'assemblée à jurer de consacrer désormais sa vie à l'extension du règne de Jésus-Christ. Tous les bras se lèvent, et par trois fois ce cri s'échappe de toutes les lèvres : « Nous le jurons. » Pendant le chant des cantiques, on se met en procession, et tous les pèlerins montent, un à un, sur la passerelle, pour baiser le pied de la croix. Cette émouvante cérémonie nous laissera un impérissable souvenir.

Le commandant déclare qu'il est impossible d'être plus favorisé par le temps : la saison, les astres, tout nous est propice. Il commence à faire chaud; la lumière du soleil devient toujours plus limpide. Comment dépeindre la beauté de la nuit quand la lune argente la mer, et que la voûte constellée se reflète dans les flots?

On avait calculé que le débarquement à Caïffa devait avoir lieu le 6, au lieu du 5, premier vendredi du mois. Mais de même qu'une tempête providentielle avait retardé le départ, pour obliger les pèlerins du Calvaire à ne lever l'ancre qu'un vendredi 28 avril, de même providentiellement ils débarquent un vendredi : celui du Sacré-Cœur. Vers dix heures du matin, nous sommes en face de Jaffa. Quelques barques montées par des Arabes s'approchent en toute hâte pour nous vendre des fruits. Après quelques paroles échangées entre le commandant de *la Picardie* et le consul de Jaffa, notre navire reprend sa course vers Caïffa. Vers trois heures de l'après-midi, on jette l'ancre vis-à-vis de cette ville, et l'on procède au débarquement avec la plus grande prudence. Tous les pèlerins sont divisés par groupes, composés de cinquante personnes, quarante hommes et dix femmes. Chaque barque, conduite par de vigoureux Arabes au teint basané, fend les vagues au chant de l'*Ave maris Stella*, entonné par les pèlerins au moment de quitter le navire. *La Guadeloupe* ayant débarqué quelques heures avant nous, une foule de pèlerins nous attendent au port de Caïffa, mêlés aux indigènes revêtus de leurs pittoresques costumes. Impossible de dépeindre l'admirable panorama qui se déroule devant nous : la mer unie comme une glace, les barques se croisant en tous sens au chant des cantiques et des acclamations de la foule. Au lieu du débarquement, en foulant pour la première fois la Terre sainte, les pèlerins se prosternent et baisent la terre pour gagner l'indulgence plénière.

III

Caïffa. — Le Carmel. — Saint-Jean d'Acre.

Type d'une ville orientale. — *Bakhiche*. — Les RR. PP. Carmes. — Visite aux Dames de Nazareth. — L'église paroissiale de Caïffa. — Jour de fête des musulmans, leurs repas dans les cimetières. — La chaîne du Carmel. — Végétation luxuriante. — Le monastère. — Trente moutons tués et un souper maigre. — *Dormitorium*. — Réveille-matin d'un nouveau genre. — Le cantique du Mont-Carmel. — Un site idéal. — Souvenirs sacrés. — Élie. — Coucher du soleil. — La nuit sur le Carmel. — Saint-Jean d'Acre et son histoire. — L'hospitalité des religieux. — La grotte des prophètes. — Séparation. — Retour à Caïffa. — Le bon Frère Liéven. — Selles arabes, instruments de supplice. — Perdu, retrouvé. — En route pour Nazareth. — Le Cison et son histoire. — Le champ de bataille de Mageddo.

Nous pénétrons dans Caïffa par une porte en ogive, à l'ombre de laquelle sont accroupis quelques Arabes fumant le narguileh. Caïffa présente bien le type d'une ville orientale : espaces immenses, maisons à toits plats, rues étroites, murs d'enceinte énormes, puis deux grandes constructions carrées qui servent de consulats. Caïffa compte environ 6,000 habitants, qui se partagent en 1,600 grecs catholiques, 130 latins, 120 maronites, 1,100 grecs schismatiques, 1,400 juifs : le reste est musulman.

Les RR. PP. Carmes ont charge d'âmes à Caïffa : ils desservent la paroisse latine et dirigent une école de garçons. Les Dames de Nazareth, congrégation française, ont une école et un orphelinat pour les jeunes filles. Après une courte visite chez ces religieuses, où nous avons admiré les beaux cloîtres et le jardin du couvent, nous nous rendons à la paroisse latine, où nous vénérons des reliques et chantons le *Magnificat*. Puis nous prenons la route fleurie du Carmel. En traversant la ville, nous apercevons, dans plusieurs maisons de riches particuliers, de belles femmes revêtues de brillants costumes, montrant leurs jolies têtes à travers les fenêtres grillées ou persiennes vertes. Presque tous les habitants sont sur le seuil de leurs portes ; d'autres nous tendent la main en demandant *bachiche* (pour boire). Ce mot, qui devait souvent frapper nos oreilles, est le premier que les enfants du peuple balbutient, comme le mot de papa et de maman en France.

Nous voici engagés dans les chemins bordés par d'immenses nopals ou cactus en fleur. Nous passons près d'un cimetière turc. C'est vendredi, le dimanche des musulmans, où ils ont coutume de se réunir dans les cimetières et d'y prendre leurs repas, en s'asseyant sur la pierre qui couvre la cendre de leurs parents et amis. Ce spectacle ne paraît pas assombrir leurs pensées. Les femmes surtout y passent de longues heures, heureuses d'échapper en ce jour à leur séquestration habituelle.

Nous rencontrons de nombreuses cavalcades, des chars avec des femmes arabes venant de cette singulière partie de plaisir. Avant de gravir la montagne, les groupes séparés se réunissent en procession précédée de la croix et des bannières; nous chantons des cantiques et récitons le chapelet. Nous passons près des jardins d'orangers de Caïffa; les grenadiers, les figuiers, les caroubiers se pressent entre les montagnes et le golfe; quelques palmiers sortent du milieu, et les grandes eaux viennent caresser cette rive odorante. Cette végétation tropicale nous charme par sa nouveauté.

En chantant l'*Ave maris Stella*, nous tournons la chaîne du Carmel. Le mamelon qui porte le monastère se découvre tout à coup. Il assied sa base sur la plage et se relève par une pente raide jusqu'au plateau qui couronne ce monastère. C'est une vue unique. A mesure que nous montons, elle s'étend : nous planons sur la mer. Saint-Jean d'Acre s'élève comme un point brillant du promontoire qui nous fait face. En bas, les jardins, les murs, les minarets, les consulats de Caïffa. Un petit bâtiment de guerre au drapeau de la France, envoyé là pour protéger notre caravane, se balance dans les eaux, à côté de *la Picardie* et de *la Guadeloupe*.

Au bout du sentier, le monastère, une cour, diverses constructions; devant nous, la Méditerranée sans bornes, la baie et les montagnes, au sud. Voilà tout ce que nous pouvons remarquer; car le crépuscule, si court dans le Levant, venait de nous envelopper de son ombre. Selon l'indication des *Guides* imprimés, il ne fallait qu'une demi-heure pour atteindre le Carmel; et nous avons mis plus de deux heures pour gravir les sentiers escarpés, encombrés de pierres roulantes, conduisant au plateau, où nous arrivons brisés de fatigue. Néanmoins, nous nous rendons de suite à l'église du monastère; nous chantons le *Magnificat*, et nous assistons au salut donné par le R. P. Picard. La soirée était trop avancée pour pouvoir songer à retourner à Caïffa, où un grand nombre de pèlerins devaient passer la nuit : le Carmel ne pouvait en abriter mille. Aussi l'organisation des repas et du repos est fort difficile.

M. de Moidrey, un des plus dévoués promoteurs du pèlerinage, triomphe des obstacles. Trente moutons sont immolés, dépecés et bouillis sur place. La marmite, trop grande pour la cuisine, est dressée en plein air. Ce soir, notre souper se compose de riz, d'œufs durs, de sardines, de dattes, d'oranges. On mange debout ou l'on s'assoit contre la muraille, après avoir cherché sa portion, distribuée dans une assiette d'étain. Tout nous semble délicieux après le régime du bord, où souvent, à quatre heures du matin, bêlaient encore les moutons que l'on nous servait en ragoût au déjeuner ou au dîner.

Le coucher est plus laborieux encore. Mais l'inépuisable charité des RR. PP. Carmes trouve moyen de nous caser. Cent matelas sont déposés dans les cloîtres précédant l'église; mais tout est envahi dans un instant : cellules, réfectoires et le reste. Nous nous estimions heureux de pouvoir nous étendre sur une natte, le dos appuyé contre le mur, où le sommeil ne tarda pas de répondre à notre appel.

La fraîcheur du mur nous sert de réveille-matin, et nous nous hâtons de nous rendre dans la magnifique église du monastère.

On y dit des messes depuis minuit, de tous côtés, sur des autels portatifs; un grand nombre de pèlerins, à moitié endormis, sont encore étendus sur les dalles.

La messe du Carmel est célébrée très solennellement à sept heures, au milieu des chants et de l'orgue joué magistralement par un religieux carme. Nous entendons le cantique du *Mont-Carmel*, interprété par la magnifique voix du P. Marie-Ange, venu de France avec nous pour demeurer ici.

Le Carmel est assurément la plus belle construction monastique qui existe dans tout l'Orient. Le site en est idéal. De la terrasse du Carmel, le regard se perd de deux côtés sur la mer, au nord et à l'est; il s'étend sur le littoral phénicien, le Liban et le Thabor. Quelques jardins en terrasses s'abaissent devant le principal bâtiment. A droite, le golfe; au loin, Saint-Jean d'Acre, la Ptolémaïs de Saladin et de Richard.

L'air y est pur et sain; le recueillement, profond; et la nature, dans ses variétés d'aspects, porte instinctivement l'âme aux grandes pensées de la foi. On comprend la prédilection d'Élie et d'Élisée pour le Carmel. Ce lieu est fait pour servir de retraite aux âmes qui sont en communication intime avec Dieu.

C'est là qu'Élisée se retira après l'enlèvement d'Élie, son maître, dans un char de feu. C'est là que la Sunamite alla se jeter aux pieds du prophète pour demander la résurrection de son fils. Des souvenirs plus précieux encore s'attachent à cette montagne. Les premiers chrétiens croyaient que le Carmel avait été souvent visité par la sainte Vierge et ses parents, et que le Sauveur, ayant parcouru toute la Phénicie, n'avait pas manqué de s'y rendre. Il était donc naturel que cette retraite, si chère à tant de titres aux nouveaux chrétiens, fût choisie pour demeure par ceux qui cherchaient dans la solitude un abri contre la persécution et les dangers du monde. Toutefois l'ordre des Carmes ne fut définitivement organisé qu'au treizième siècle, par un saint patriarche de Jérusalem.

Pendant que nous dessinions sur la terrasse le bâtiment, appelé palais, destiné à la réception des pèlerins, la brume s'obscurcit, et nous nous rappellions ces paroles d'Élie, au moment qu'il dressa son autel en face de l'autel froid des quatre cent cinquante prêtres de Baal : « Monte, « mange et bois, car on entend le bruit d'une « grande pluie. Voici une nuée, comme la paume « de la main, qui sort de la mer. Attelle ton « char, de peur que la pluie ne te surprenne. » (*III Rois*, XVIII, 41, 44.)

Quel admirable spectacle que le coucher du soleil contemplé de ce site? Au moment où l'astre descend dans les flots, tout ce panorama, ville, golfe, mer, sommets des montagnes, se colore de teintes roses et vermeilles; puis, pendant le court crépuscule de ces contrées, les hautes crêtes sont enveloppées d'un voile gris, tandis que les échancrures de la côte projettent pour quelques instants leur couleur blanche sur le bleu de la nappe d'eau.

Comment rendre la beauté de cette nuit imposante? Dans le cloître, le bruit des vagues monte jusqu'à nous. Perçu de ces hauteurs, il produit un effet singulier. C'est une harmonie sourde et frémissante, comme la chute d'une cascade éloignée. Le vent qui ne cesse de battre ces rochers, qu'il souffle de la terre ou bien du large, mêle sa note à celle des flots. L'air et les eaux parlent seuls, là où les prophètes ne se font plus entendre.

Vis-à-vis de nous, Saint-Jean d'Acre s'étage gracieusement au pied de la montagne baignée par la mer.

Peu de villes ont été témoins de tant de combats et ont entendu si souvent retentir sous leurs murs le cri de guerre de la France. Cinq fois prise d'assaut par les croisés, cinq fois reconquise par les musulmans, elle fut assiégée par nos guerriers les plus illustres: Baudoin, Philippe-Auguste, saint Louis, et Napoléon qui ne put s'en emparer.

Enfin, Saint-Jean d'Acre doit à l'intelligence d'un cheik d'avoir repris sa place dans l'histoire. Ce cheik, nommé Daher, ayant apprécié les avantages de cette petite ville, élevée sur un plateau qui s'avance dans la mer en forme de demi-lune, s'en empara, la fortifia et s'y maintint longtemps contre les forces de la Porte. Depuis cette époque (1745), Saint-Jean d'Acre a conservé son importance.

Nous passons deux jours charmants au Carmel. Les religieux nous ont offert l'hospitalité avec une bonté, un dévouement, une simplicité qui rappellent les temps antiques.

Le samedi 6 mai, après vêpres, nous allons en procession à la grotte où les Prophètes avaient coutume de se réunir pour se concerter sur les choses divines. Puis nous visitons la chapelle de Simon Stock ; et, jusqu'à la chute du jour, je me plaisais à fixer sur le papier avec le crayon ces beaux sites et ces monuments. Il fallait voir les Arabes, qui faisaient le cercle autour de nous : émerveillés de ces modestes croquis, ils s'écriaient : *Taib! taib!* (bien ! bien !) Ce mot a souvent frappé nos oreilles pendant notre course à travers la Palestine.

Le soir, il y a feu de bengale et des acclamations enthousiastes à la France, pendant que l'on reconduit au navire les pèlerins se rendant directement à Jérusalem par Jaffa.

La seconde nuit passée au Carmel, nous prenons un court repos dans la chapelle de Sainte-

Thérèse, où l'on avait étendu une dizaine de matelas. A deux heures, il faut nous arracher au sommeil.

On commence à dire des messes jusqu'à cinq heures du matin; nous nous rendons alors à l'église du monastère, pour entendre la messe du pèlerinage, célébrée par le R. P. Picard, à l'autel privilégié. Après le premier déjeuner, pris à la hâte, nous faisons nos adieux au Carmel, où nous avons passé des moments si heureux, puis nous descendons en procession les sentiers contournant la montagne escarpée. Le chant de l'*Ave maris Stella* nous semble plus doux encore au milieu de cette nature agreste, choisie par les prophètes pour y faire entendre les louanges de Dieu et contempler ses perfections infinies. Après avoir traversé la route fleurie, parsemée de villas et de jardins, nous nous trouvons de nouveau dans les murs de Caïffa.

C'est dimanche : les cloches font entendre leurs gais carillons; un mouvement incroyable règne dans la ville; toute la nature a un air de fête.

Une partie des pèlerins, se rendant à Jérusalem six ou sept jours plus tôt que nous, ont été embarqués déjà sur *la Guadeloupe*, qui doit les conduire à Jaffa.

Toutes les montures des pèlerins pour la Samarie se trouvent sur la plage de Caïffa : plus de six cents chevaux, ânes, mulets, s'y agitent comme une fourmilière.

Comme au débarquement en Terre sainte, on avait organisé des groupes de cinquante personnes. M. de Belcastel était à la tête du premier; M. de Coupigny, à celle du troisième, dont je faisais partie. Le bon frère Liéven, que je connaissais d'ancienne date, me choisit un bon cheval. Après m'être assuré que la selle est attachée solidement, je mets le pied dans l'étrier; mais j'avais compté sans la consigne, qui exigeait que les deux premiers groupes partissent avant de permettre au troisième de se mettre en branle. Il fallait donc renoncer à mon beau coursier, pratiquer l'abnégation et la soumission que nous prêchait notre directeur. Quelques pèlerins trop empressés avaient pris des montures au hasard, sans se douter du désordre qui en résulterait. Dans un clin d'œil tous les bons chevaux ont disparu : pour ne pas rester trop en arrière de mon groupe, je dois me contenter d'une mule avec selle arabe, et m'y installer à la mode orientale, n'ayant pas même d'étriers.

Ces larges selles arabes sont pour les Européens de vrais instruments de supplice : elles vacillent sans cesse et font éprouver un certain roulis peu agréable. Pour comble d'infortune, au détour d'une route, je m'étais écarté de notre caravane. Croyant regagner le terrain perdu, je prends un chemin de traverse.

Me voilà seul dans un village arabe, ne sachant plus m'orienter. Grâce au petit vocabulaire dont se compose ma connaissance de la langue du pays, je parviens à rejoindre mes compagnons de route. Un Arabe appartenant à la classe aisée, parlant un peu d'italien, m'offre de me mettre dans la bonne voie, même sans me demander *bachiche* (pour boire).

Un employé de l'agence Cook eut l'obligeance d'échanger ma mule contre un bon cheval à la première halte, où nous déjeunâmes. Nous choisîmes de préférence la route par Jedda et Simoniade pour nous rendre à Nazareth, comme étant moins difficile pour un aussi grand nombre de personnes que celle indiquée par le livre du pèlerin.

Nous invitons le lecteur à nous suivre sur le belle route qui conduit de Caïffa à Nazareth.

En quittant la ville, le chemin serre de près la chaîne du Carmel aux montagnes qui s'étend de la Samarie.

Ce sont de belles masses de rochers, séparées par de profonds ravins. Nous regagnons la plaine en passant de vallée en vallée au travers des montagnes.

Dans leurs plis sont cachés quelques villages, dont chaque maison porte le pavillon de branchages sous lequel on passe la nuit. Nous prenons le nord du littoral, où se trouvent de nombreux palmiers. Nous entrons dans les vallées latérales qui commencent la plaine d'Esdrelon. Elles sont arrosées par le Cison, que nous traversons à gué.

Voilà ce torrent de Cison, dont les eaux emportèrent l'armée de Sisara. En hiver, d'autres courants, qui descendent des montagnes de Galilée, viennent s'y joindre, et convertissent fréquemment l'extrémité de la plaine en un lac profond. L'armée turque, battue par Napoléon à Fuleh, se noya dans le torrent de Cison, qui envahissait alors la plaine. Ce fut près de ces eaux tranquilles qu'Élie fit égorger les quatre cent cinquante prophètes de Baal.

La première journée de notre voyage par la Samarie a été fort rude pour un grand nombre de pèlerins, peu accoutumés au soleil d'Orient, et pourvus, ou plutôt affligés de médiocres montures. Dans les passages difficiles, la caravane est obligée de ralentir sa marche ; de temps en temps, quand le chemin fait un coude, on aperçoit l'interminable défilé, dont l'extrémité se perd dans une gorge de montagnes. Presque tous les pèlerins sont vêtus de blanc ; et, malgré la diversité des costumes, l'ensemble se détache gracieusement sur le fond brun et vert des collines.

Nous dépassons le champ de bataille historique de Mageddo, où Israël fut écrasé par les masses égyptiennes jetées sur l'Asie par Néchao.

IV

Campement de Nazareth.

La plaine d'Esdrelon. — Nazareth. — *Flos pulcher*. — L'église de l'Annonciation. — La Crypte. — L'atelier de saint Joseph. — L'église des grecs unis. — L'ancienne Synagogue. — *Notre-Dame del Tremore*. — Fontaine de la sainte Vierge. — *Mensa Christi*. — Procession aux flambeaux. — Levée du camp. — *Liber equus*. — Le Thabor. Naïm. Dothaïn. — El Fouleh. — La vallée aux voleurs. — Bédouins. — Escorte renforcée d'un détachement de soldats turcs.

Nous entrons dans la plaine d'Esdrelon, couverte d'un frais tapis de verdure, et où la riche flore de la Samarie s'étale dans toute sa grâce. Nous admirons des scabieuses roses, des liserons bleus et jaunes, des mauves à larges pétales, des iris bleus que nous cultivons dans nos jardins. Mille accidents de terrain, et les sentiers qui serpentent, offrent aux regards ce qu'il y a de plus riant et de plus pittoresque.

Nous rencontrons quelques Bédouins, à la longue lance ferrée, au burnous blanc, au mouchoir jaune et rouge flottant sur les épaules; des femmes drapées dans leurs longs voiles, trottant sur des ânes, portant des enfants en croupe.

Nous découvrons enfin la montagne de Nazareth, dont les Oliviers semblent se détacher des monts de la Galilée. Après que nous avons franchi un dernier sommet, Nazareth se présente à nos regards ravis. Le Sauveur passa trente années de sa vie dans cette vallée. Elle est verte de champs, de bois d'oliviers, et la ville *d'où il ne pouvait venir rien de bon* s'étage au flanc escarpé de la montagne.

Jésus et Marie ont fait mentir le proverbe concernant cette ville.

Nazareth, c'est-à-dire belle fleur, *flos pulcher*, est bâtie en amphithéâtre sur des bancs de rochers ; des cactus bordent les terrasses. Nous admirons la belle église de l'Annonciation et son élégant campanile ; un peu plus loin, au centre de la ville, se trouve une mosquée avec son minaret.

Les maisons petites, à toits plats, sont construites avec une espèce de pierre poreuse. Les rues sont étroites et malpropres. Nazareth compte à peu près 6,000 habitants, dont le plus grand nombre sont musulmans ou grecs schismatiques ; il n'y a que 900 latins et grecs unis.

Les femmes portent ou le costume des champs, la robe blanche flottante ; ou le costume citadin, la robe de couleur vive, fendue des deux côtés, le pantalon ample, la veste à taille longue, ouverte sur la poitrine, à larges manches. Cette population est belle comme celle de Caïffa. Les enfants ont de charmants visages ronds, bruns, avec des yeux vifs, des cheveux bouclés, des membres délicats : ils rappellent les types d'anges des grands peintres italiens.

Notre arrivée est un événement dans cette ville.

Les habitants se pressent dans les rues à notre passage, et nous regardent avec un étonnement majestueux. Les enfants nous tendent la main, en demandant avec persévérance *bachiche, bachiche*. On mendie sans respect humain dans ce pays.

Ayant eu la chance d'avoir un bon cheval depuis la dernière halte, j'ai pu arriver avec l'avant-garde au camp splendide, pavoisé de drapeaux français et anglais, établi dans la plaine au bas de la ville. Mais un grand nombre de pèlerins moins fortunés, épuisés par la soif et la fatigue, furent obligés de stationner longtemps à l'entrée du campement, où l'agence Cook, chargée de l'excursion en Samarie, exerçait un sévère contrôle des billets, afin de constater les droits de chacun avant de l'admettre dans l'enceinte.

Il y a des mécontents et des découragés; mais le dîner et le sommeil dissipent les nuages, et le lendemain matin, on ne voit plus que des visages épanouis en se rendant à l'église de l'Annonniation, où fut célébrée solennellement la messe du pèlerinage.

La nouvelle et belle église de Nazareth renferme le sanctuaire souterrain qui faisait partie de la maison de la sainte Vierge. C'est incontestablement, de tous les temples de l'univers, celui qui inspire la dévotion la plus vive, la plus tendre pour Marie, mère de Dieu. L'église est ornée admirablement, comme tous ceux des sanctuaires de la Palestine qui sont entre les mains des Pères franciscains. Un large et superbe escalier en marbre blanc conduit dans la grotte où s'accomplit le grand mystère de l'Incarnation du Sauveur. Par deux escaliers étroits, placés aux deux côtés, on monte au maître-autel, élevé sur la roche qui forme la voûte de la grotte; derrière se trouve le chœur des religieux. L'église est composée de quatre parties : celle de la grotte, au fond; le corps principal, au milieu; le maître-autel et le chœur, en haut; au-dessus de ce dernier est la tribune, où l'on monte par un escalier dont l'entrée se trouve dans le chœur.

Une partie de la modeste maison qu'habitait la sainte Vierge est creusée dans le roc. Un étroit escalier conduit dans une pièce que l'on croit avoir été la cuisine. La tradition rapporte que l'archange Gabriel, au moment de l'Incarnation du Verbe, se tenait dans la maison qui est à Lorette, et que la sainte Vierge se trouvait dans la grotte à laquelle la maison était attenante. C'est ce qui explique comment la maison de Lorette et la grotte de Nazareth peuvent être également vénérées comme sanctuaire de l'Incarnation.

Saint Louis fut un des derniers pèlerins qui visita ce saint lieu, alors que la sainte Maison y était encore. Il s'y rendit en 1252, et communia des mains du légat du Pape, Odon, évêque de Tusculum. Ce n'est qu'en 1291 que la *Santa Casa* fut miraculeusement enlevée. La crypte de l'Annonciation, ou la chapelle de l'Ange, est revêtue de marbre blanc, excepté la voûte. L'autel est également en marbre blanc sculpté ; sur la table de l'autel sont gravés en lettres d'or ces mots : VERBUM CARO HIC FACTUM EST.

Au-dessus de l'autel, un tableau encadré d'argent représente l'Annonciation. La crypte est éclairée par des lampes d'argent ; elle forme un rectangle de 8 mètres de long sur 2^m 70 de large. A droite est l'autel dédié à saint Joachim et à sainte Anne, l'autel de l'archange Gabriel et de l'Annonciation, l'autel de saint Joseph.

Notre journée à Nazareth a été bien remplie. Le matin, après la messe, nous sommes retournés au campement, où nous avons pris à la hâte notre premier déjeuner, composé de café au lait de chameau, d'œufs durs, de pain et de fromage ; puis nous avons rejoint un groupe d'obligeants pèlerins, pour visiter d'autres célèbres sanctuaires de Nazareth et prendre quelques vues. En remontant à la ville, nous eûmes la bonne fortune de rencontrer l'excellent frère Liéven, qui voulut bien nous accompagner à l'atelier de saint Joseph. C'est une chapelle nouvellement bâtie par les Pères de la Terre sainte, sur les ruines d'une église construite par les croisés sur l'emplacement de l'atelier de saint Joseph, où Jésus, qui *lui était soumis,* grandit dans le travail des mains.

Saint Joseph et la sainte Vierge possédaient, outre la petite maison transportée à Lorette, une autre maison où saint Joseph travaillait. L'érudit frère Liéven nous dit, qu'en Orient, les ouvriers ont toujours leurs boutiques ou leurs ateliers éloignés de la demeure habitée par leur famille.

A peu de distance de cette chapelle se trouve un autre sanctuaire. Selon la tradition, le Sauveur fit en ce lieu un repas avec ses disciples après sa résurrection : de là le nom de *Mensa Christi* (la table du Messie). C'est une grande pierre ronde, qui se trouve dans le fond, en face l'entrée du sanctuaire.

Nous avons visité encore à Nazareth, à peu de distance de la sainte Grotte, l'église des grecs unis, construite sur l'emplacement de l'ancienne synagogue, où le Sauveur voulut éclairer ses compatriotes en interprétant les prophéties d'Isaïe qui le concernaient. Ils le chassèrent de leur ville et voulurent le précipiter du haut d'un rocher ; mais Jésus passa au milieu d'eux et se retira : *Transiens per medium illorum ibat.*

Tous les environs sont consacrés par quelque pieux souvenir. Sur une colline, on voit les débris d'une église bâtie par sainte Hélène et dédiée à la sainte Vierge, sous le nom de Notre-Dame de l'Effroi (*del Tremore*). C'est l'endroit où la sainte Vierge accourut quand elle apprit qu'on voulait précipiter son divin Fils.

De ce point on jouit d'une belle vue sur la plaine d'Esdrelon, sillonnée par le Cison. Dans l'après-midi, nous prenons le croquis du panorama de Nazareth et de l'unique fontaine de la ville, située à 340 mètres au-dessus du niveau de la Méditerranée. Elle est appelée *fontaine de la sainte Vierge,* parce que, selon la tradition, Marie venait y chercher de l'eau. On y a construit un petit monument, qui n'a rien de remarquable. L'eau y arrive par un aqueduc. La source se trouve à quelques mètres de là, dans l'église des grecs non unis (schismatiques).

Le soleil est déjà très bas : il faut se hâter de rentrer au campement. Plusieurs jeunes Arabes, appartenant à la classe aisée, à en juger d'après leurs brillants costumes, s'étaient groupés autour de nous pendant que nous dessinions ; ils faisaient la police en écartant les enfants indiscrets qui nous laissaient à peine la liberté de nos mouvements, en demandant l'éternel *bachiche.*

Mes protecteurs arabes, sachant quelques mots d'italien, s'offrent de bonne grâce à me servir d'escorte jusqu'au camp. A mon arrivée, le dîner était déjà servi dans les *tentes salons;* mais je me console facilement de manger ma soupe froide, en songeant à la conversation pittoresque de mes *ciceroni* orientaux.

Dans l'après-midi, on s'occupe à organiser une caravane pour visiter le mont Thabor, Naïm, Cana. Cette excursion ne demandant qu'une journée, permettait aux pèlerins fatigués, restés au camp, de se reposer un jour de plus à Nazareth, et de jouir paisiblement de ce saint lieu.

Quelques esprits parcimonieux ont fait manquer ce charmant voyage, qui exigeait un léger sacrifice pécuniaire. Cette déception a été fort pénible pour le plus grand nombre des pèlerins.

Le soir, nous avons une splendide procession aux flambeaux. On se rend du camp à l'église de l'Annonciation en chantant des cantiques. Ce spectacle produit une grande impression sur les habitants de Nazareth, accourus en foule sur notre passage.

Après l'exercice du mois de Marie, le R. P. Picard donne quelques énergiques avertissements aux pèlerins, leur faisant renouveler la promesse d'obéissance, comme au début du pèlerinage.

Le lendemain, 9 mai, il faut être debout de grand matin, pour qu'on puisse lever le camp. Cette opération est d'une importance capitale pour les Arabes, qui s'en acquittent avec zèle. Il faut avoir vu lever un camp, en Orient, pour se faire une idée de ce spectacle. Une douzaine d'Arabes accourent en criant autour d'une tente; en un instant tout est enlevé, empaqueté avec un ordre parfait, et chargé sur les chameaux et les mulets, qui partent toujours les premiers. Cette rapidité est nécessaire, car il faut que le camp nous précède et que tout soit installé, au prochain campement, avant l'arrivée des pèlerins.

Ce jour, le départ fut d'autant plus laborieux, qu'une partie de la caravane doit se diriger vers Caïffa, l'autre vers la Samarie. Cette dernière se compose de plus de cinq cents pèlerins. Ceux qui se rendent directement à Jérusalem, en passant par Jaffa, partent les premiers; les autres se mettent en quête de leurs montures : un temps considérable se passe avant que la seconde colonne puisse s'ébranler.

Quelques cavaliers peu discrets s'étaient emparés des bons chevaux destinés aux pèlerins de Samarie; impossible de réclamer : ils sont trop loin. Le soleil, déjà très haut, est brûlant. Il faut se contenter de la première monture venue, pour ne pas rester en arrière.

Mon cheval avait bonne apparence; mais, avant de quitter le campement, il me donna des preuves de son fougueux et capricieux caractère. Tout d'abord, il refuse de se laisser brider, puis il commence à ruer dès que je veux mettre le pied dans l'étrier : il me faut des efforts inouïs pour me mettre en selle. Enfin, hennissant et piaffant, mon terrible coursier m'emporte. Après avoir descendu une côte rapide, nous entrons dans une plaine; soudain mon cheval s'élance au galop : il est comme affolé. Vainement je cherche à le retenir : debout sur ses pieds de derrière, il me lance par terre, mais sans me faire éprouver aucun dommage. En trois minutes je suis en selle, rendant grâce à Dieu de m'avoir préservé de tout grave accident. Ce n'est pas cette seule fois pendant la route que j'ai senti l'intervention de la protection divine. Comme l'a dit notre dévoué directeur, pendant ce voyage miraculeux on recevait d'innombrables coups de pied, on tombait dix fois de cheval, sans éprouver d'autre mal que quelques légères contusions.

Afin de ne plus m'exposer aux caprices de ma

monture, je pris un *moukre*, qui la conduisit par la bride. Cette méchante bête lui mordait ses jambes nues, et le pauvre Arabe n'avait d'autre moyen de défense que de lui cracher dans l'œil, ce qui la calmait momentanément. Au prochain campement, M. Cook fils me fit donner un excellent cheval, ayant le pas long et doux, et qui a fait mes délices pendant tout ce voyage.

Notre première étape de Samarie a été longue et fatigante; mais notre âme était inondée de joie en suivant la route parcourue si souvent par le divin Sauveur. Là tout nous parlait de sa bonté, de sa miséricorde. Dans d'autres pays, chaque localité est marquée par les exploits des grands hommes; en Palestine, chaque montagne, chaque vallée raconte l'amour et la puissance du Seigneur.

Nous arrivons dans l'immense plaine d'Esdrelon, qui est d'une fertilité prodigieuse. Elle est couverte de prairies, d'orge, de blé; pas un arbre n'en rompt la ligne. Quand le vent fait onduler ces champs, c'est une pleine mer de moissons.

Nous saluons en passant le Thabor qui s'élève à notre gauche, et la ville de Naïm, où nous croyons voir Jésus ressusciter le fils de la pauvre veuve qui marchait désolée derrière le cercueil. Nous apercevons aussi le petit Hermon. Derrière cette montagne se cache Dothaïn. C'est là que Joseph envoyé par Jacob à ses frères les trouva; ce fut dans cette vallée, qui se relie aux bords de

la mer par la plaine d'Esdrelon, que ses frères
le vendirent aux marchands égyptiens.

Nous passons près des ruines d'un ancien
château-fort construit par les croisés. A midi,
nous faisons halte à El-Fouleh, pour le déjeuner,
servi par terre sur des tapis et en plein soleil :
nulle part un arbre pour nous donner de l'ombre,
et le temps avait manqué à l'agence Cook pour
faire dresser les tentes servant de salle à manger,
comme elle en avait l'intention.

En attendant l'arrivée des différents groupes
de pèlerins, on récite le chapelet, et le R. P. Picard nous donne quelques avis. Après le déjeuner, pendant que d'autres pèlerins prennent un
peu de repos, nous visitons un village arabe,
situé sur une colline, à peu de distance de notre
campement. C'est El-Fouleh, composé de misérables huttes construites en terre, et de quelques
rues étroites et escarpées. Toute la population
bariolée et déguenillée nous entoure en criant
hadji bachiche. Nous entrons chez le cadi (maire).
Sa demeure est un peu plus spacieuse et moins
malpropre que celles de ses administrés, qui
partagent leur gîte avec l'âne, les poules et certain animal que les Juifs ne mangent point.

A deux heures, la caravane parcourt de nouveau
la route fleurie de la Samarie. Le soleil dardant ses
rayons sur nos têtes, les visages se colorent ;
mais l'aspect de cette belle nature qui nous environne nous console de la chaleur et de la
fatigue. Toutes ces chaînes de la Samarie sont

riantes; quelques villages se cachent dans leurs replis. C'est dans ce pays que le Sauveur guérit les dix lépreux, un seul revint sur ses pas pour rendre grâces : c'est le Samaritain. Nous traversons une large vallée et un torrent desséché; ce pays s'appelle la *Vallée aux Voleurs*. Sous des bois d'oliviers dont le vent argente les feuilles, sont assis quelques bergers arabes, leur long bâton appuyé contre l'épaule, près de leurs chèvres et chevreaux qui paissent à l'ombre : partout une luxuriante végétation, de magnifiques figuiers au tronc séculaire. Un long défilé nous amène à Djennin. La ville s'appuie contre la montagne de Guilboch, où furent tués Saül et Jonathas. La population de ce pays est très mauvaise et hostile à l'étranger. On ne peut s'y hasarder sans escorte. Les gendarmes turcs, qui marchent toujours à la tête de la caravane et la gardent pendant la nuit, reçoivent un renfort de tout un détachement de soldats pour nous préserver d'une attaque nocturne des Bédouins.

V

Campement de Djennin.

Djennin. — Population hostile. — Messe et allocution du R. P. Picard. — Autel érigé sur une éminence au milieu du camp. — Simon le magicien. — La plaine de Safet. — Béthulie.

Nous montons deux à deux et en silence les rues escarpées et étroites de Djennin. Les habitants, sur le seuil de leurs portes, nous regardent avec insolence. Les hommes comme les femmes ont une grande beauté de formes, de traits, d'attitude, mais aussi une fierté dédaigneuse. On peut leur appliquer le proverbe : « Belle mine, mauvais cœur. » Ils sont insolents toujours et voleurs quand ils peuvent. Pourtant le pacha a employé d'énergiques moyens pour réprimer leurs brigandages.

En descendant au campement, nous jouissons d'un admirable panorama, doré par les feux du soleil couchant. Djennin, avec ses coupoles, son minaret, ses maisons à toits plats étagées sur la pente, ses palmiers, ses grenadiers, sa blancheur, présente tous les caractères qui constituent la physionomie des villes d'Orient.

Après huit heures de cheval, nous arrivons au campement juste pour le dîner, servi aux grandes tentes, disposées en salle à manger. Les drogmans et agents de Cook se montrent, comme toujours, attentifs et empressés pour servir les pèlerins affamés et exténués. Après avoir assisté à la prière du soir et entendu l'ordre du jour pour le lendemain, nous n'avons rien de plus pressé à faire que de gagner notre tente, car nous mourons de fatigue et de sommeil. Le matin, à quatre heures et demie, la clochette retentit autour des tentes pour réveiller les pèlerins, forcés de quitter leurs chères couchettes pour ne pas s'exposer à faire leur toilette en public, car les Arabes attendent avec impatience le moment où ils peuvent enlever les tentes.

Le jour, nous devons faire une longue étape, et il n'y a qu'une seule messe, célébrée par le R. P. Picard, qui nous adresse une courte mais touchante allocution. L'autel est érigé sur une éminence, au milieu du camp. Rien de plus saisissant que le spectacle du saint sacrifice et des pèlerins prosternés au milieu de ce pays infidèle. Les musulmans eux-mêmes en paraissent impressionnés. La veille, on se proposait de prendre la photographie du campement et de la ville de Djennin; mais le gouvernement de ce pays est très ombrageux, et l'officier des soldats turcs s'oppose formellement au projet des artistes, qui sont forcés d'y renoncer. Le lendemain, pendant qu'on organise le départ, nous cherchons à nous dérober aux yeux d'Argus de nos cerbères musulmans, et nous prenons, en cachette, près de notre cheval, le croquis désiré.

Le moment le plus laborieux et le plus redouté de notre voyage par la Samarie est toujours l'organisation du départ. L'avant-garde est en selle, quand la plupart des pèlerins s'agitent encore en tous sens pour retrouver leurs montures. Une fois prêt à partir, il ne faut pas peu d'adresse et de précaution pour ne pas se laisser désarçonner par un cavalier novice ou par un mulet chargé d'un matelas.

On entonne le *Magnificat* au moment de quitter le campement, et les pèlerins, remplis d'une sainte joie, affrontent courageusement la fatigue et le soleil.

Nous passons par une étroite vallée, pleine de grandes herbes, de moissons vertes, d'oliviers en fleur, qui croissent par groupes au milieu des épis. La Palestine n'est pas stérile, comme nous nous l'étions figuré. Les cultures dans toute la Samarie remontent de la vallée aux montagnes et descendent de la montagne à la plaine. Partout, sur les hauts pâturages, des troupeaux de chameaux, de chèvres, de moutons à larges queues.

La route que nous parcourons est célèbre dans l'histoire sacrée. Les apôtres annonçaient Jésus-Christ par toute la Samarie ; et Simon le Magicien, voyant les miracles opérés par le Saint-Esprit, offre à saint Pierre l'argent dont le prince des apôtres a dit : « Qu'il périsse avec toi ! ton cœur n'est pas droit devant Dieu. »

Nous entrons dans la plaine de Safet, l'ancienne Béthulie, où se trouvait le camp d'Holopherne. Judith, une des gloires du peuple de Dieu, s'y dévoua pour les Israélites, en les délivrant de leur redoutable ennemi. Très honorée pendant sa vie, elle fut ensevelie à Béthulie, dans le tombeau de son mari, mort d'un coup de soleil, pendant la moisson.

Nous passons au pied des murs de Béthulie, qui est encore fortifiée. Dans cette même plaine, l'émir Béchir battit autrefois les Arabes de la Palestine, qui ne voulaient plus payer d'impôts et qui prétendaient en lever d'arbitraires sur les passants.

VI

Sébastieh (Samarie).

Le tombeau de saint Jean-Baptiste. — Sébaste. — Le pays et les habitants.

Voilà Sébastieh : une montagne basse, isolée, richement couverte de cultures exubérantes, inondée par les blés et les mûriers de la vallée, couronnée d'oliviers, gardée par une triple ceinture de nopals, dont les vieux troncs s'avancent sur le chemin et les feuilles s'entourent d'une auréole de fleurs dorées. Elle porte au front la ruine de son église de Saint-Jean, et tout autour de sa cime, comme un bandeau royal, les colonnades, encore debout, dont l'a parée Hérode. Cette église, bâtie par les croisés, n'a conservé que quelques pans de murs et les assises, formées de blocs énormes provenant probablement de quelque construction juive.

Notre caravane s'est arrêtée une demi-heure à Sébastieh ; mais les derniers arrivés n'ont pu profiter des intéressantes explications du savant frère Liéven, ni admirer les ruines. Les colonnes, d'abord ensevelies, couchées, puis droites, rangées en longues files, dessinent un immense cercle autour du sommet de la montagne ; du côté opposé, trois ou quatre rangs encore debout semblent indiquer l'emplacement d'un temple.

Le frère Liéven dit qu'on ne sait rien de positif sur l'authenticité du tombeau de saint Jean-Baptiste. Nous ne lisons dans l'évangile que ces quelques mots : « Ses disciples emportèrent son corps et l'ensevelirent. » (S. *Matth.*, XIV, 12.) Mais nous voyons par la profanation commise sous le règne de Julien l'Apostat, que personne, pas même les gentils, ne doutait que le saint précurseur ne fût enseveli à Sébastieh. Les païens, qui à cette époque habitaient cette ville, excités par la haine que l'empereur Julien portait aux chrétiens, violèrent le tombeau de saint Jean-Baptiste et jetèrent au loin ses ossements. Ils les recueillirent ensuite pour les brûler avec des os d'animaux ; ils en mêlèrent les cendres avec de la poussière, et les répandirent dans les champs. Cependant Dieu ne permit pas que ces reliques fussent totalement perdues. Des religieux, venus de Jérusalem pour les vénérer, s'exposèrent à la mort pour en conserver une partie : ils se glissèrent parmi les profanateurs, et réussirent à recueillir quelques-unes de ces précieuses reliques, qu'ils rapportèrent à Jérusalem ; et leur supérieur, nommé Philippe, les envoya à saint Athanase. (RUFIN, liv. XI.) Les restes des prophètes Abdias et Élisée, ensevelis en ce lieu, subirent la même profanation. Les musulmans, qui tiennent en grande vénération ces trois saints, sont les gardiens du monument funèbre. Moyennant un *bachiche*, ils permettent aux chrétiens de le visiter.

Quelques pèlerins ont pu descendre dans le caveau. On y pénètre par un escalier de vingt et une marches.

On remarque trois ouvertures rondes, pratiquées dans le mur, qui indiquent les trois tombes, à la forme hébraïque. Au-dessus de ces tombes célèbres se trouve une chambre dont une muraille est couverte en marbre blanc, ornée d'une croix de Malte. Pour faire disparaître la croix, les musulmans ont eu soin d'enlever les bras. De cette chambre on se rend dans une petite mosquée, qui n'a rien de remarquable ; mais on y voit çà et là des fragments de marbre et de porphyre, provenant peut-être des temps d'Achab et d'Hérode, et qui auront servi aux chevaliers de Saint-Jean dans la construction de leur église.

Du milieu de ces ruines, du haut du Someron (ou Samarie), on jouit d'une vue admirable, qui s'étend sur les collines et les vallées fertiles de la Samarie. Ce plateau est à 926 pieds au-dessus du niveau de la Méditerranée. Le village qu'on nomme aujourd'hui Sébaste n'est qu'un misérable amas de cabanes construites de boues et de décombres. Les débris de Samarie gisent en grande partie sur le penchant des collines. Mais au fond de la vallée, on trouve des blocs de marbre et de pierre. Toutes les hauteurs qui couronnent cette ancienne capitale des rois d'Israël ont été souillées par les idoles de Baal. On comprend que la voix des prophètes se soit élevée contre cette ville enivrée de son opulence, qui disait dans son orgueil : « Je serai reine à moi-même, et je me ferai des dieux qui ne parlent ni n'entendent. » Dieu, pour la châtier, permet que Salmanazar fonde sur elle et emmène ses habitants ; il établit dans ses murs les Assyriens, qui deviennent les Samaritains du temps de Jésus-Christ. Après la courte halte à Sébaste, la caravane dirige sa marche vers Naplouse, l'ancienne Sichem.

Nous trouvons un pays cultivé : partout du blé, partout des laboureurs, même sur les plus hautes cimes. Ils sont vêtus de la longue tunique blanche, et aiguillonnent leurs bœufs, qui traînent la charrue ; cette charrue est si légère, que l'homme au retour la porte sur l'épaule. C'est une longue dent de fer, perpendiculairement plantée dans un timon : voilà qui indique assez la légèreté du sol de ce pays. Les paysans ne sont pas misérables ici : ils possèdent, nous dit-on, chacun un morceau de terre.

Nous rencontrons des groupes d'Arabes : les hommes, enveloppés de la tunique de laine à raies éclatantes, la barbe longue, l'air grave ; les femmes, drapées, à visage découvert, sous leurs voiles blancs, les cheveux ornés de bandelettes, de petites pièces de monnaie, qui encadrent merveilleusement leurs figures d'un ovale pur. Elles sont sveltes ; elles ont de grands yeux veloutés et des sourcils parfaitement arqués, le nez droit et une bouche gracieuse ; enfin, leurs traits fins ont un caractère de distinction.

VII

Naplouse.

La vallée de Sichem. — Le mont Garizim. — Les Samaritains. — Le *Pentateuque*. — École arabe. — Couvent des grecs non unis. — Temple protestant.

Nous approchons de la vallée de Sichem, qui s'étend entre deux montagnes : l'une est *Hébal*, couverte de cactus jusqu'au sommet; l'autre, c'est Garizim. Un véritable Éden s'ouvre entre Naplouse et le mont Hébal. L'ancienne Sichem (Naplouse), toute parsemée de bouquets d'arbres, s'appuie contre le mont Garizim. Ses minarets, ses mosquées, son élégant palmier, brillent au soleil. Nous passons par un bois d'oliviers, dont les troncs vermoulus attestent un grand âge. Ils ont peut-être vu le Sauveur et les armées des croisés. Le sol se cache sous des bois de grenadiers, d'orangers, de mûriers. Plusieurs ruisseaux limpides coulent en bondissant le long de la route.

Nos tentes sont dressées près de la ville, à l'endroit où campa jadis Abraham. La population musulmane est échelonnée sur les hauteurs : notre caravane passe au milieu de deux haies de curieux aux brillants costumes, appartenant à la classe opulente de la cité. Ils ont l'air hautain, arrogant : on ne nous étourdit point les oreilles en demandant *bachiche*.

Naplouse est à peu près la seule ville où l'on retrouve les samaritains : ils habitent le faubourg oriental et adorent toujours sur le mont Garizim. Nous ne pouvons nous empêcher de dire ici quelques mots de la secte des samaritains. Elle descend des peuples idolâtres que les rois d'Assyrie envoyèrent des rives de l'Euphrate pour repeupler et garder la Samarie, dont les habitants avaient été emmenés en captivité par Salmanazar. (*IV Rois*, xvii, 24.) Un des prêtres juifs, ayant été envoyé à Béthel, leur apprit à honorer le Seigneur.

Flavius Josèphe raconte comment, sous le règne de Darius, se consomma le schisme religieux d'un grand nombre de Juifs, et à quelle occasion l'on bâtit, sur le mont Garizim, un temple rival de celui de Jérusalem.

Nous voyons dans le Deutéronome que Moïse avait ordonné aux enfants d'Israël d'élever un autel au Seigneur sur le mont Hébal, quand ils seraient en possession de la Terre promise, et de renouveler en ce lieu l'alliance qu'ils avaient faite avec Dieu. Après la prise de Haï, Josué conduisit le peuple d'Israël à Sichem (Naplouse), pour accomplir tout ce qui avait été prescrit. Un autel de pierres non polies fut dressé sur le mont Hébal; la loi de Moïse fut gravée sur ces pierres, et Josué offrit des holocaustes et des sacrifices pacifiques.

Les samaritains, d'accord en cela avec leur Pentateuque, prétendent que l'autel fut construit sur le Garizim, et non sur l'Hébal ; ils accusent les juifs d'avoir altéré sur ce point le texte sacré. Les monts Hébal et Garizim ne sont éloignés l'un de l'autre que de 1200 pas ; ils ont tous les deux une égale hauteur (2500 pieds). Cette admirable vallée, qui s'étend entre les deux montagnes et au centre de la Palestine, convenait admirablement à cette cérémonie. Avant qu'on y bâtît une ville, elle était occupée par une forêt de térébinthes.

Ce pays occupe une place importante dans l'histoire sacrée. Après la captivité de Babylone, les samaritains offrirent aux juifs de les aider à rebâtir le temple de Jérusalem ; mais ceux-ci repoussèrent dédaigneusement leurs offres, et refusèrent même de les reconnaître pour enfants d'Abraham (*I Esdras*, iv).

Ce refus fut l'origine de la haine qui a existé toujours entre ces deux peuples ; haine d'autant plus implacable, qu'elle était à la fois politique et religieuse. La ville de Sichem est souvent appelée *Sichar*, c'est-à-dire « mensonge ». C'est sous ce nom qu'elle est désignée dans l'Évangile de saint Jean.

Plusieurs samaritains ayant cru à notre Sauveur après avoir entendu ses prédications, il se forma de bonne heure une communauté chrétienne dans cette ville. Les annales de la primitive Église citent plusieurs évêques de Sichem.

Après la prise de Jérusalem par les croisés, Naplouse se soumit avec toute la contrée, et Tancrède vint en prendre possession ; les revenus de la ville furent assignés au saint Sépulcre. Tancrède découvrit près de Naplouse une forêt de poutres toutes travaillées pour faire le siège de Jérusalem.

C'est là que le Tasse a placé sa forêt enchantée.

Après la malheureuse bataille de Hittin, Naplouse tomba au pouvoir de Saladin. L'année 1202, elle fut ravagée par un terrible tremblement de terre ; une seule rue resta debout : celle des Samaritains. Le même désastre a désolé cette ville en 1837, ainsi qu'une quantité d'autres de la Palestine. On en voit encore les nombreux débris.

Les habitants de Naplouse ont hérité de l'esprit de révolte des anciens Sichimites. Ils sont tout aussi insoumis aujourd'hui qu'ils l'étaient au temps de Jéroboam : inquiets, turbulents, ils s'insurgent contre leurs maîtres, comme ils le feraient contre leurs propres cheiks, si l'un d'eux s'emparait du pouvoir.

Malgré tous les fléaux conjurés contre elle, la ville de Naplouse est si heureusement située, qu'elle se relève promptement après chaque nouvelle dévastation.

Il y a longtemps que les samaritains ont cessé d'exister comme nation, ou plutôt ils n'ont jamais été une nation indépendante. Il est probable que ceux qui ont survécu à tant de révolutions disparaîtront bientôt.

Les samaritains ont une liste généalogique de leurs grands prêtres, qu'ils font remonter en ligne directe jusqu'à Aaron, frère de Moïse. Leur grand prêtre prend le titre de prêtre lévite, ou fils de Lévi.

La divine Providence paraît avoir conservé les samaritains comme un éclatant hommage à l'authenticité des livres de Moïse.

Ce jeudi 10 mai, ayant une route moins longue à parcourir, on permet aux pèlerins de dormir un peu plus longtemps que de coutume et de disposer de leur matinée. Nous ne devons quitter le campement de Naplouse que vers midi, après le second déjeuner.

Après avoir parlé de Naplouse d'autrefois, disons quelques mots sur Naplouse actuelle. Je l'ai parcourue en tous sens, accompagné de notre obligeant drogman Michael Magro et d'un guide arabe. Naplouse est une bien plus grande ville que je ne le croyais ; elle est aussi comblée des dons de Dieu que Jérusalem est triste et déshéritée. Les beaux vergers qui l'entourent renferment la culture orientale la plus variée. De tous côtés on aperçoit des plans de roses et de jasmins, dont on se sert pour la fabrication des parfums. Tous ces jardins sont arrosés par des fontaines, qui abondent à Naplouse.

L'heureuse position de la ville, au milieu d'une vallée fertile, près de la grande route conduisant à Jaffa, a contribué à lui conserver sa grande prospérité.

Naplouse est entourée d'une muraille percée de deux portes. La ville est longue; ses rues sont sombres et leurs pavés glissants. Elle est traversée par une grande rue couverte, où le jour pénètre par des ouvertures vitrées, pratiquées de distance en distance dans la voûte. Là se trouvent les bazars, qui la bordent des deux côtés. Ce sont des boutiques en forme d'armoires, dont le plancher est assez élevé pour que le marchand, qui s'y étend nonchalemment, se trouve à la hauteur des chalands. Les trottoirs dallés sont très étroits. Dans cette rue, il y a un mouvement incroyable : les chameaux passent à pas lents avec leurs fardeaux, qui débordent souvent sur les trottoirs, à la grande gêne des passants. Le chameau ne se dérange et ne s'arrête jamais : il faut qu'il passe. Ceux qu'il rencontre se réfugient où ils peuvent, se collant contre les murs. Les maisons sont à toits plats et pourvues de terrasses. Le commerce de Naplouse consiste en coton, en savon et en parfumeries. Elle a environ 16,000 habitants, animés d'un esprit fanatique. Il n'y a que 80 latins, comme on nomme les catholiques en Orient. Les grecs schismatiques sont au nombre de 500; les samaritains, 240; autant de juifs orthodoxes; les autres sont mahométans.

Les samaritains de Naplouse ne se marient qu'entre eux, afin de ne pas ternir la pureté de leur sang et de leurs doctrines par des alliances étrangères. La ville possède cinq mosquées. Nous avons visité la principale, une ancienne église chrétienne ; il en reste encore le portail oriental, qui est très élégant.

On pénètre dans cette mosquée par une sorte de cour découverte, où l'on remarque une piscine destinée aux ablutions et plusieurs colonnes en granit. Nous nous sommes rendus ensuite à la synagogue des samaritains. C'est une grande salle blanchie à la chaux, ayant pour tout mobilier une table noire et des nattes étendues sur les dalles. C'est là que l'on garde ce que Naplouse possède de plus curieux : le Pentateuque. Moyennant un bon *bachiche*, on nous a fait voir ce précieux livre de la loi, composé en langue et en caractères samaritains. Le Pentateuque est écrit sur de grandes feuilles de parchemin roulées sur des baguettes. On nous l'a montré à la porte, ne voulant pas nous permettre d'entrer dans cet oratoire sans nous déchausser.

Les samaritains font remonter leur manuscrit à 1500 ans avant J.-C., c'est-à-dire à Abischia, fils de Phinéès, fils d'Éléazar, qui fut fils d'Aaron. On suppose que ce Pentateuque fut apporté en Samarie par le prêtre juif que le roi des Assyriens y envoya pour enseigner au peuple à adorer le vrai Dieu. D'autres auteurs croient que, selon plus de probabilité, il ne date que de Manassé, premier sacrificateur du temple de Garizim, vers 330 avant J.-C.

Nous avons visité aussi l'église latine, desservie par un missionnaire italien, qui nous a fait un bienveillant accueil. Cette mission a été établie à Naplouse par Mgr Valerga, le feu patriarche de Jérusalem.

Nous passons dans une rue sombre, où, du fond d'une maison, s'échappe un concert de voix criardes : c'est une école arabe. Le pédagogue est assis sur une natte, les jambes croisées. Les enfants, rangés sur les trois côtés de la salle, étudient à haute voix, en prononçant tous ensemble les mêmes mots, selon l'usage du pays. Notre guide arabe nous conduit ensuite dans une espèce de collège maronite ou latin, où l'on enseigne le français.

Nous y recevons l'accueil le plus démonstratif. Une vingtaine de collégiens, de quinze à seize ans, nous entourent avec empressement, nous tendent les mains en criant : « Bonjour ! bonjour ! »

Puis, nous introduisant dans une grande salle, bon gré mal gré, ils nous font asseoir dans la chaire du professeur ; et nos savants en herbes, heureux de montrer leur savoir, nous récitent quelques phrases françaises, avec cet accent que les Orientaux seuls apprécient.

De là nous dirigeons nos pas vers un couvent de grecs non unis. Après nous avoir fait visiter l'église, un moine grec, parlant l'italien, nous conduit dans une grande salle haute, entourée de larges divans, où il nous présente à son supérieur, vieillard à longue barbe blanche, ayant la tête couverte d'une toque assez semblable à celle de nos juges, et portant une robe noire serrée à la taille par une ceinture de cuir et descendant jusqu'aux pieds. Une dizaine d'autres moines, revêtus du même costume, sont assis sur les divans; ils causent et fument le narguileh.

Le supérieur nous adresse quelques questions sur l'Europe et sur notre pèlerinage, par l'entremise du jeune moine nous servant d'interprète. Au bout de quelques moments, on apporte du café servi dans une petite tasse de porcelaine, supportée par un pied en filigrane d'argent; puis on m'offre le narguileh. J'accepte le premier, sans toutefois aller plus loin.

Au moment de partir, on me donne en souvenir trois petites branches de laurier, au nom du Père, du Fils et du Saint-Esprit.

En retournant au camp, près des magnifiques jardins qui entourent la ville de Naplouse, un bel édifice de construction récente attire nos regards. Nous montons un large escalier, et nous nous trouvons devant une église fermée : c'est un temple protestant. Un gentleman, d'une mise correcte, le missionnaire anglican, vient nous saluer en anglais et nous montre son église. Nous prenant pour des compatriotes et des coreligionnaires, il nous indique avec orgueil le meilleur site pour prendre le croquis du temple. J'ai décliné son offre, disant que cette construction ressemblait trop à celles que nous possédions en Europe.

La Société biblique, pouvant disposer de grandes ressources, cherche à inonder la Palestine de ses bibles. Mais le protestantisme se garde bien de construire ses temples sur des lieux consacrés par le christianisme primitif. Comme il a rompu avec le passé et ses traditions, on dirait que les souvenirs l'importunent.

Le jeudi soir, nous devions camper à Sindjil.

Avant midi, la caravane se met en marche, chantant : *Vierge notre espérance*, et le *Magnificat*.

La colonne occupe plus de 4 kilomètres quand elle se suit sans intervalle, ce qui est assez rare. C'est un coup d'œil féerique, quand ce long défilé serpente au milieu des sentiers escarpés de la montagne.

VIII

Puits de la Samaritaine.

Le champ de Jacob (Bir-Jacoub). — Le puits de la Samaritaine.

Après avoir traversé un torrent desséché et franchi une vallée semée de blé, entourée de montagnes à larges bases, nous arrivons à *Bir-Jacoub*, le champ de Jacob et le puits de la Samaritaine. C'est dans ce champ, près de ce puits, qu'Abraham, venant de Haran avec Sara, sa femme, et Lot, son neveu, dressa ses tentes et éleva un autel au Seigneur, qui lui promit de donner cette terre à sa postérité.

Jacob, arrivant de la Mésopotamie, établit ses tentes dans le même champ, qu'il acheta pour cent agneaux aux fils d'Hémor. C'est cette propriété que Jacob légua sur son lit de mort à son fils Joseph.

Après leur sortie d'Égypte, les Israélites déposèrent en ce lieu les ossements de Joseph. Un petit monument carré s'élève au-dessus de cette tombe.

Un peu plus loin se trouve le puits de la Samaritaine. On ne peut l'apercevoir à une certaine distance, parce que son orifice est à fleur de terre, dans une crypte de l'ancienne église qui ornait jadis ce lieu, mais dont rien n'est resté debout.

Le Sauveur fatigué s'est reposé auprès de ce pauvre puits. C'est dans cette petite plaine ronde, maintenant coupée de champs réguliers, qu'il attendait ses disciples. Ici les apôtres s'étonnèrent de le voir parler avec une femme; ici il arrêta son regard pénétrant sur le cœur de la pauvre pécheresse, qui, un instant, s'efforça d'échapper à la miséricorde du divin maître qui cherchait son âme.

Sainte Hélène fit construire une belle église au-dessus du puits de la Samaritaine. Elle fut visitée par sainte Paule, comme nous le voyons par les lettres de saint Jérôme. Parmi les ruines de cette église se trouvent encore des colonnes brisées de granit gris, qui sont couchées sur le sol. On voit alentour plusieurs autres débris, mais ce saint lieu est entièrement abandonné maintenant.

Le frère Liéven nous dit que le puits n'a rien perdu de son ancienne profondeur, qui est de 21 mètres. Il y a quelques années, il l'a mesuré au commencement du printemps, où il y trouva quatre mètres d'eau; quelques mois plus tard, il n'y en avait plus. C'est la rareté d'eau en ce lieu qui a décidé Jacob à creuser ce puits à une si grande profondeur. Il en résulte que l'eau ne s'y trouve pas en grande abondance, et que, par conséquent, il n'était jamais plein.

Après une courte halte dans ce lieu mémorable, la caravane reprend sa marche. Nous franchissons une montagne escarpée, où, dans les mauvais passages, il faut laisser un prudent intervalle entre les chevaux. Le sol pierreux de la Samarie présente une des plus grandes difficultés de ce voyage. Souvent les rochers s'étagent en gradins, qu'il faut escalader. Seuls, les chevaux arabes peuvent accomplir de pareils prodiges.

Souvent, dans les chemins dangereux, roidissant leurs quatre jambes, ils se laissent glisser sur une pente rapide; ailleurs, profitant des moindres aspérités d'un roc à pic, ils savent y assurer leurs sabots; et tout cela sans paraître accessibles à la fatigue.

Ce sont là les coursiers dépeints par le Tasse.

> . . . . *Al corso usati,*
> *Alla fatica invitti, al cibo parchi.*

Dans le pays que nous traversons, il faut des prodiges de travail pour conquérir chaque toise sur la roche. Les figuiers, toujours plantés par paires, entrelacent leurs troncs, qui projettent des branches vigoureuses et un épais feuillage. Comme les cailloux abondent ici, les Arabes ont renfermé d'un mur chaque propriété et construit des murailles transversales, où ils ont planté des vignes. De chaque côté des murailles, des vignes étendent leurs pampres sur ces clôtures, qui sont ainsi recouvertes de feuilles et de grappes.

IX

Silo.

Josué. — Torrent desséché, forteresse de Bordy el Bordouil.

Nous apercevons Seiloun, l'ancienne Silo, un des lieux les plus célèbres de la Palestine. C'est à Silo que Josué assembla le peuple pour faire le partage de la Terre promise aux sept tribus qui n'avaient pas encore reçu leurs lots, et qu'il plaça le tabernacle du Seigneur. C'est à Silo, qu'Anne, femme d'Elcana, vint pleurer devant le Seigneur, et lui demander un fils, promettant de le consacrer au service du temple. Ayant obtenu de Dieu Samuel, elle l'amena à Silo. C'est là que Dieu lui parla et lui annonça les malheurs qui allaient frapper la maison du grand prêtre Héli.

Nous traversons un torrent desséché ; à notre gauche, sur une colline plantée d'arbres, nous remarquons une vieille forteresse appelée *Bordy el Bordouil*, bâtie par Baudoin Ier.

Nous arrivons ensuite dans la *Vallée des Voleurs*. Nous apercevons près d'une source les ruines d'une tour, qui paraît avoir été construite pour la sûreté de la route.

X

Les montagnes d'Éphraïm.

Le scibboleth. — Béthel et son histoire. — El Bireh. Jésus perdu.

Nous voici en présence des montagnes d'Éphraïm. Leurs formes sont belles, mais non couvertes de végétation ; les villes sont détruites. « La gloire d'Éphraïm a disparu, » dit l'Écriture sainte. Il y a pourtant quelques belles vallées, au fond desquelles se cachent des forêts d'oliviers.

Le livre des Juges nous apprend que les habitants d'Éphraïm ne pouvaient prononcer *chi*.

Ce défaut de langue leur devint funeste dans la guerre injuste qu'ils entreprirent, au delà du Jourdain, contre Jephté.

Défaits près de la forêt qui depuis a porté le nom de forêt d'Éphraïm, ils regagnaient leur patrie en fuyant de tous côtés ; mais ceux de Galaal gardaient les gués du Jourdain. Les fuyards les suppliaient de les laisser passer, en affirmant qu'ils n'étaient pas d'Éphraïm. « Dites donc *scibboleth* », mot qui signifie « épi ». Comme ils prononçaient *sibboleth* d'une manière défectueuse, ils étaient reconnus et mis à mort. Quarante-deux mille périrent dans cette rencontre.

A mesure que nous avançons, l'aspect du pays devient plus sévère. Sur l'arête d'une montagne dénudée, nous remarquons deux ruines entourées de quelques maisons; c'est Béitine, où se trouvait Béthel, une des plus anciennes villes de la Palestine.

Les environs en sont déserts; les Arabes n'y viennent que pendant la moisson, et l'abandonnent dès qu'ils ont recueilli le blé. Des collines nues, des vallées où s'étendent des champs verts et labourés, peu d'arbres : tel est le cadre de Béthel. Pourtant c'est ici la maison de Dieu et la porte du ciel. » (*Genèse*, XXVIII, 17.)

C'est sur cette colline que l'échelle miraculeuse appuyait ses pieds, et que les anges descendaient et montaient auprès d'un pauvre voyageur, qui dormait la tête appuyée contre une pierre : c'était Jacob fuyant la colère de son frère Ésaü, auquel Dieu promit de donner à sa postérité la terre sur laquelle il reposait, et de multiplier sa race comme le sable de la mer. Jacob, à son réveil, dresse la pierre de son chevet, verse de l'huile dessus, et appelle ce lieu *Béthel* (maison de Dieu). A son retour de Mésopotamie, il monte encore à Béthel; il y bâtit un autel *au Dieu fort qui l'a délivré*.

C'est à Béthel qu'Abraham se sépara de Lot, son neveu, à cause des divisions de leurs pasteurs. Déborah, nourrice de Rébecca, y mourut et fut ensevelie au pied de Béthel, sous un chêne qui fut appelé *Chêne des pleurs*.

Béthel est l'ancienne Loza, qui, par le sort, appartenait à la tribu de Benjamin.

Voici les paroles du prophète Amos, prédisant le sort de Béthel :

« N'allez pas à Galgala et ne passez pas à Bersabée, parce que Galgala sera emmenée captive et Béthel réduite à rien. » (*Amos*, v, 5; vii, 13.) Béthel fut prise par Vespasien, qui y plaça une garnison. Au temps de saint Jérôme, Béthel n'était plus qu'un petit village, ce qu'il est encore de nos jours.

On y remarque les ruines d'une église; à l'époque des croisés, elle était dédiée à saint Joseph. On y voit aussi des fragments de colonnes et de grosses pierres, peut-être des débris du temple du veau d'or élevé par Jéroboam, ainsi qu'une grande piscine presque comblée, où se trouve un puits d'eau potable. Nous nous approchons du village *El-Bireh*, l'ancienne Beeroth, de la tribu de Benjamin. C'est dans ce pays que la prophétesse Déborah, assise à l'ombre d'un palmier, jugeait le peuple d'Israël.

A El-Bireh, notre camp est dressé sur une hauteur, d'où nous voyons la mer, et d'où la brise vient nous rafraîchir. Sur le bord du chemin, nous trouvons une fontaine, où les caravanes, venant de Jérusalem, s'arrêtent toujours.

Selon la tradition, c'est dans ce lieu que la sainte Vierge et saint Joseph s'aperçurent que l'Enfant Jésus, qu'ils avaient conduit à Jérusalem pour la fête de Pâques, n'était pas dans leur compagnie, et qu'ils le cherchèrent parmi leurs parents et leurs amis. (*S. Luc,* II, 44.)

Plus tard, on construisit une église en mémoire de ce fait. On voit encore à El-Bireh les restes de cette église de style gothique. Elle avait été dédiée à la sainte Vierge.

Au temps des croisades, El-Bireh possédait un château-fort, un couvent avec église, et un hôpital, dont on voit encore les ruines. Le village est situé sur la pente d'une colline pierreuse. Son nom signifie puits ou fontaine.

El-Bireh compte aujourd'hui à peu près huit cents habitants musulmans et quelques grecs schismatiques.

XI

Campement de Sindjil.

Sindjil. — Mitspa. — Un déjeuner d'officiers Turcs. — Beeroth. Ramah.

Jeudi, 11 mai, nous campons à Sindjil. Nos tentes sont dressées sur une hauteur, d'où nous découvrons la mer et où la brise vient nous rafraîchir. Sindjil n'a pas de souvenirs bibliques. Sur le sommet d'un coteau, quelques ruines apparaissent, quelques arbres se dessinent qui cachent le village sur le profil de la pente : c'est Mitspa. Samuel s'y rendait tous les ans pour juger Israël.

Cette dernière journée, par des chemins affreux, eût été fort rude pour les pèlerins, si le vent, continuant à souffler de la mer, n'eût rafraîchi la température. C'était une bénédiction de cette douce Providence qui n'a cessé de nous couvrir de sa puissante protection pendant ce périlleux voyage. La pensée que nous allions voir Jérusalem ce même jour remplissait notre âme d'une joie indicible, et nous rendait insensibles à la chaleur et à la fatigue.

Le pays que nous traversons a un caractère triste. De larges plateaux se succèdent, uniformément couverts de champs d'où sort la tête pierreuse de sommets à peine accusés. Il n'y a pas d'arbres, excepté dans le lointain, autour d'un hameau perché sur la cime d'une montagne. On ne voit aucune fleur, si ce n'est au fond d'une petite vallée, la seule qui ait accidenté notre route.

Notre dernière halte est à Biré. Trois tentes avaient été dressées pour le déjeuner. Mais, lorsque j'arrivai, tout était envahi. Mon obligeant drogman m'installe à l'ombre d'un pan de mur, reste d'une ancienne église des croisés, où plusieurs officiers turcs venaient d'étaler leur déjeuner. Ils m'invitent avec tant de bonne grâce à partager leur repas, que je ne puis résister à la curiosité de goûter leurs galettes, cuites sous la cendre, et le fromage blanc, qui me semble bien meilleur que le poulet froid et les éternels œufs durs qu'on nous servait invariablement au déjeuner pendant notre voyage en Samarie.

Biré n'a de remarquable que sa position. Deux grandes voûtes, restes de quelque église du temps des croisades, lui donnent du caractère.

Bir, ou Beeroth, était une des villes dont les habitants trompèrent si adroitement Josué et tout Israël (sur la distance où se trouvait leur pays), en arrivant à Guilgal. Ils se présentèrent chaussés de souliers percés et leur besace pleine de pain moisi (*Josué*, IX, 4, 5.)

Au delà de Bir, nous apercevons Ramah (*El-Ram*). Elle est bâtie sur un point très élevé;

quelques figuiers entourent ses demeures. Sa position est pittoresque. Samuel avait son habitation à Biré, et les anciens y montèrent pour lui demander un roi. (*I Rois*, viii, 4.)

Dans ces temps-là les républiques n'avaient pas de crédit : c'était des rois qu'on voulait. Il nous semble que ce qu'on voulait alors ressemble beaucoup à ce qu'on veut aujourd'hui : secouer le joug et ne dépendre que de soi-même.

A mesure que nous avançons dans le pays, nous ne faisons plus que monter et descendre.

A chaque instant nous nous attendons à voir paraître la ville sainte; mais à peine une montagne est-elle gravie, qu'une autre se dresse devant nous, plus pénible à gravir encore. Jérusalem présente bien l'image du ciel, où l'on n'arrive qu'après beaucoup de souffrances et par une voie étroite et difficile.

Tout à coup nous nous trouvons au milieu d'une nature sauvage. La végétation a cessé, rien ne vient distraire le regard fatigué. A peine voit-on quelques rares oliviers, dont le pâle et maigre feuillage donne au pays un aspect plus mélancolique encore. Partout un sol inégal, jonché de pierres détachées, arrondies et comme polies par l'effet des eaux. Enfin, de la crête d'une dernière montagne, nous voyons apparaître des murailles que dominent des coupoles et des minarets. On sait l'émotion qui de tout temps s'est emparée du cœur des pèlerins, lorsque, pour la première fois, ils ont vu les murs sacrés. A cette vue, comme jadis les croisés, notre âme est livrée aux sentiments les plus divers, si bien dépeints par le Tasse :

Al gran piacer che quella prima vista
Dolcemente spiro nell altrui petto
Alla contrizion sucrese.

XII

Jérusalem.

Le mont Scopus. — *Lætatus sum*. — Marche triomphale. — Chants sacrés. — Le saint Sépulcre. — Règlement de vie. — Godefroy de Bouillon. — L'intérieur de Jérusalem. — La *Casa-Nova*.

Notre colonne ralentit sa marche pour permettre aux pèlerins de se grouper. Le guidon à croix rouge est arboré et porté par M. de Belcastel. Un drogman porte devant nous le drapeau de la France. Nous nous plaçons sur deux rangs. Arrivés au mont Scopus, où l'on domine Jérusalem, nous chantons le psaume *Lætatus sum*, et nous acclamons la ville sainte : « Vive Jérusalem ! »

Le R. P. vicaire de la Casa-Nova vient à notre rencontre, avec M. Langlais, consul de France. Le R. P. Emmanuel Bailly les accompagne. Rangée en front de bataille, notre cavalerie se présente calme et digne. Cet ensemble frappe beaucoup les musulmans. Russes, Grecs, Arabes, Juifs : tout Jérusalem se porte au-devant de nous. Notre caravane, composée de plus de cinq cents cavaliers, imposait surtout aux Arabes, pour qui le cheval est l'indice de la richesse : ils nous supposaient une grande puissance, en nous comparant aux pèlerins russes qui, chaque année, arrivent à pied par milliers dans la ville sainte. A mesure que nous avançons, la foule se groupe le long de la route. Au lieu d'entrer par la porte de Damas, nous suivons l'escorte turque qui vient nous rendre les honneurs, et nous tournons les établissements russes pour aller faire notre entrée par la porte de Jaffa, où les pèlerins qui nous avaient précédés de six jours à Jérusalem sont rangés en procession et nous attendent. Le quartier russe se compose de rues et de maisons nouvellement construites. C'est là que les Juifs russes affluent de toutes parts et viennent s'établir. La colonne se masse dans cette espèce de faubourg : elle présente un aspect imposant. On a de la peine à modérer les chevaux qui pressent le pas. En un mot, c'est une vraie marche triomphale.

A quelque distance de la porte de Jaffa, nous mettons pied à terre, et la procession se forme, précédée de nombreuses bannières. De groupe en groupe on chante, avec beaucoup d'ardeur et d'ensemble, l'*Ave maris Stella*, le *Magnificat*, le *Te Deum*. Ces hymnes sacrées réveillent les échos du mont Sion. Les chrétiens pleuraient de joie, les musulmans fanatiques nous regardaient avec une sombre tristesse.

Depuis la reprise de Jérusalem par les Turcs, on n'avait pas vu le spectacle d'une procession de latins chantant librement leurs cantiques dans la ville sainte.

La procession se termine au saint Sépulcre, où le patriarche latin, Mgr Bracco, nous attendait sur le seuil du tombeau du divin Rédempteur. Avec une amabilité et une grâce parfaites, Mgr Bracco nous souhaite la bienvenue en français, en nous félicitant d'avoir ouvert une ère nouvelle aux pèlerinages en Terre sainte.

Il est tard, et la nuit nous surprend pendant que nous nous prosternons devant le saint tombeau, après avoir baisé plusieurs fois cette terre qui porte encore l'empreinte des pas du Fils de Dieu. Après avoir récité les prières et entendu les instructions du R. P. Picard, nous nous hâtons de trouver un gîte, chose difficile les premiers jours. Néanmoins tous les pèlerins sont casés dans différentes communautés de Jérusalem, et le campement de l'agence Cook, établi en dehors de la porte de Jaffa, devenu inutile, est levé. Les pèlerins trouvent partout le plus bienveillant accueil. Les Turcs avaient reçu des instructions spéciales de Constantinople pour favoriser notre pèlerinage et nous protéger au besoin. Enfin, Dieu continue à répandre ses bénédictions sur notre pacifique croisade. Malgré la chaleur et les fatigues excessives du voyage de la Samarie, aucun pèlerin ne manque à l'appel à notre arrivée à Jérusalem. Chose surprenante, la seule victime du climat est un drogman, pris de la dysenterie à Naplouse, et que nous avons dû laisser chez le curé latin, où il mourut le jour suivant. Aucun des nombreux appareils apportés pour des fractures probables n'a servi, car la seule jambe cassée fut celle d'un cheval. Un prêtre, qui avait fait une chute dangereuse, au point de perdre connaissance, put prêcher en arrivant.

Quelques foulures, pour lesquelles on croyait avoir besoin d'un repos de plusieurs jours, furent guéries en route.

Les pèlerins reçoivent une hospitalité aimable et bonne dans les différentes communautés où ils sont logés. Aussi, malgré des fatigues et des privations inévitables, tous manifestent une joie chrétienne et une gaieté admirable. Mille pèlerins ne pouvant tenir dans les sanctuaires relativement petits, nous avions été divisés par groupes, allant, à tour de rôle, chaque matin, dans le sanctuaire désigné. Les réunions générales ont lieu dans l'après-midi, soit au saint Sépulcre, soit à la grande et belle église du Patriarchat, ou bien dans la vaste et antique église de Sainte-Anne, construite par les croisés et occupée actuellement par des religieux français, les missionnaires africains de Mgr Lavigerie. Partout où les pèlerins sont logés, on établit un règlement édifiant : silence de neuf heures du soir à six heures du matin, prière en commun, lecture pieuse au commencement et à la fin du repas. On déploie beaucoup de zèle. Souvent on rencontre dans les rues les pèlerins priant à genoux et baisant la terre.

Les musulmans sont foncièrement religieux ;

ils s'écriaient en nous voyant passer : « Voilà de vrais pèlerins ; ceux-là prient et sont édifiants. » D'autres disaient : « C'est admirable comme ils sont unis. Quelle différence avec les grands pèlerinages russes et grecs schismatiques ! »

Pour nous, la fatigue n'est bientôt plus qu'un souvenir. Rien ne peut égaler notre joie de nous trouver dans ces murs sacrés, où tout parle à l'âme et l'édifie. Quel bonheur de contempler les collines et les vallées qui ont vu le Sauveur, de marcher sur la terre qu'il a foulée, de respirer l'air qui a frémi sous le souffle de sa parole, de baiser la pierre sous laquelle il a été enseveli ! Ces joies surpassent toutes les félicités terrestres.

Jérusalem ! quel nom ! Nulle autre cité ne saurait éveiller autant de souvenirs, ni exciter le même enthousiasme. Quelle autre ville a jamais eu de plus hautes destinées, joué un rôle plus important dans le monde ? Mais ses enfants sont dispersés dans tous les coins du monde, ils ne se réunissent plus dans son enceinte pour célébrer leurs grandes solennités.

Au moyen âge, Jérusalem subit les destinées les plus diverses. Godefroy de Bouillon achève ce que Charles Martel avait commencé dans les plaines de Poitiers : il défend la chrétienté contre les infidèles.

Il refuse de prendre le titre de roi et de porter une couronne d'or dans la ville où le Fils de Dieu a été couronné d'épines. Un royaume chrétien s'élève tout à coup à la place où Mahomet avait régné en maître. La ville subit une entière transformation. Les habitants, les lois, les mœurs, la religion, présentent un aspect nouveau. Il est certain que si Godefroy de Bouillon eût vécu plus longtemps, il aurait établi sur des bases solides le nouvel empire chrétien de Jérusalem.

On ne peut contester que la conquête de la ville sainte a été l'œuvre de tous les peuples chrétiens, mais particulièrement celle des Francs. Nous devons en être fiers et nous dévouer encore pour la ville qui renferme le tombeau du Sauveur. Mais comment ne pas faire d'amères réflexions, en voyant tant de Français qui ont cessé d'être des Francs?

Examinons maintenant l'intérieur de Jérusalem. Celui qui n'a jamais vu une ville orientale peut difficilement se faire une idée de la cité sainte. Jérusalem présente un dédale de rues tortueuses, irrégulières, pavées de pierres pointues et glissantes; rues si étroites, qu'un chameau, s'il est chargé, les barre entièrement, et que l'on est obligé de se faufiler, en se courbant, sous le ballot qu'il porte. Ce n'est rien, quand il n'y en a qu'un; mais ordinairement ces animaux voyagent par longues et lentes files.

A droite et à gauche, s'élèvent des maisons à toits plats, sans alignement, sans ornement, sans fenêtres; elles s'ouvrent presque toutes sur une cour intérieure. Une seule porte y donne accès, mais elle est toujours verrouillée.

A Jérusalem, la vie intérieure est mystère;

mais chaque pierre parle et sollicite l'attention et l'étude du pèlerin.

Un groupe nombreux, à peu près deux cents pèlerins, avait été désigné pour la Casa-Nova, où se trouvait la direction, ayant à la tête le R. P. Picard, M. de Belcastel et l'état-major. Je suis assez heureux d'être du nombre du groupe logé dans cet antique hospice franciscain, dont le confortable relatif pouvait sembler du sybaritisme après les nuits passées sous la tente et le pénible voyage en Samarie. Les privations donnent de la valeur aux moindres choses. Aussi, nous n'étions pas médiocrement charmés lorsque, après avoir traversé de longs cloîtres, nous entrions dans un vaste réfectoire, éclairé par deux lustres, et où des tables recouvertes de nappes blanches pouvaient contenir plus de cent couverts. Une autre salle semblable recevait le même nombre de pèlerins. Au-dessus des portes, des fresques représentaient les écussons des pères de la Terre sainte. La Casa-Nova était pour nous une ancienne connaissance et un bien précieux souvenir. Nous l'avons trouvée fort embellie depuis notre premier voyage en Palestine, remontant à une dizaine d'années.

La grande hospitalité des fils de Saint-François fait des prodiges. Les bons Pères nous accueillent avec autant de charité que d'empressement. Leur excellent supérieur, toujours affable et souriant, s'ingénie de toutes les manières pour bien nous caser.

XIII

Fête de l'Ascension sur le mont des Oliviers.

L'Ascension. — Les lépreux. — La porte de Saint-Étienne. — Le torrent de Cédron. — L'empreinte du pied gauche du Sauveur. — Latins, Arméniens, Cophtes et Grecs schismatiques. — Le Credo des apôtres. — La galerie du *Pater*. — Trente-deux langues. — La princesse de la Tour d'Auvergne. — Les Carmélites. — Le déjeuner et la sœur tourière. — Le minaret. — Panorama. — La vallée de Josaphat. — Le mont Moriah. — La Mosquée d'Omar. — Le mont Sion, le Golgotha.

Jeudi, 18 mai, nous avons l'insigne bonheur de célébrer l'Ascension de Notre-Sauveur sur la montagne des Oliviers. C'est une consolation accordée aux catholiques une fois l'année, et les chrétiens de Jérusalem sont arrivés avec empressement à cette pieuse cérémonie.

La veille de la fête, les religieux franciscains se rendent tous au mont des Oliviers et y séjournent jusqu'au lendemain. Ils officient dans le sanctuaire le jour et la nuit, comme dans leur église.

Sur le sommet du mont des Oliviers, au milieu d'une cour circulaire, se trouve une petite mosquée. Des fragments de colonnes indiquent qu'un grand sanctuaire fut jadis élevé en ce lieu.

Cette mosquée renferme une partie du rocher portant l'*empreinte du pied gauche du Sauveur.* Cette empreinte est encadrée par quatre marbres, qui lui font un encaissement de quelques centimètres. Ce cadre a environ un mètre de large sur un demi-mètre de long. Les catholiques ont la permission d'y célébrer les offices de l'Ascension. Les grecs ou schismatiques ne sont autorisés qu'à y faire trois ou quatre processions. A trente ou quarante pas de cette construction se trouve la Galerie du *Pater,* ainsi appelée parce que Notre-Seigneur y enseigna cette prière à ses disciples. Un fort beau cloître s'élève en ce lieu avec des plaques de marbre sur lesquelles le *Pater* est inscrit en trente-deux langues. Chaque plaque est enfermée dans un cintre ogival du cloître. Dans ces cintres on avait placé des autels portatifs ; d'autres se trouvaient à l'église des Carmélites, attenante à ce cloître. De deux heures jusqu'à neuf heures du matin, quatre cent quatre-vingt prêtres y célébrèrent le saint sacrifice. Le sang de Jésus-Christ coula pour ainsi dire à flots sur la montagne des Oliviers.

La messe du pèlerinage était fixée à six heures et demie : nous quittons la Casa-Nova dès cinq heures du matin avec un groupe nombreux. Pendant quelque temps nous suivons la Voie douloureuse ; nous passons près de la chapelle de la Flagellation, qui appartient aux Pères franciscains, et près de la belle église de Sainte-Anne. Nous franchissons la porte de Sainte-Étienne. Une foule d'aveugles et de lépreux bordent le chemin, en criant pitié et en se lamentant, absolument comme dans l'Évangile.

L'horrible maladie biblique s'est perpétuée à Jérusalem, à Naplouse et dans plusieurs autres villes de la Palestine. Comme du temps de l'ancienne loi, ces malheureux errent près de la porte des cités et habitent des cabanes isolées, réduits à la charité publique. A Jérusalem, la léproserie se trouve près de la porte de Sion. La lèpre épargne l'enfant, et ne se déclare chez lui que vers dix à douze ans. La vue de ces lépreux déchire le cœur, ils tendent vers nous des mains difformes, et nous demandent *bachiche* d'une voix éteinte. Souvent des ulcères remplacent les yeux absents.

A partir des remparts, la montagne sur laquelle s'élève Jérusalem descend à pic jusqu'au Cédron, qui forme le fond de la vallée de Josaphat. Un pont d'une seule arche le traverse et conduit au mont des Oliviers, qu'éclaire admirablement le soleil levant. Tous les chemins sont sillonnés par les habitants en habits de fête, par les pèlerins gravissant la montagne. Au bout de quelques minutes de marche, nous rencontrons un petit espace entouré d'un mur : c'est le jardin de Gethsémani, qui renferme les huit gros oliviers sous lesquels le Sauveur pria la veille de sa passion. Ces arbres vénérables ont huit mètres de circonférence. On sait que l'âge de l'olivier se compte par siècles ; qu'il se rajeunit, pour ainsi dire, en renaissant de ses propres racines. Il n'est donc pas incroyable que les arbres de Gethsémani remontent au temps de Jésus-Christ. Les Pères franciscains ont la garde de ce jardin, qu'ils cultivent avec amour. Ils recueillent avec grand soin les fruits de ces arbres précieux dont ils font des chapelets fort recherchés. Un peu plus loin se trouve la grotte de l'Agonie, témoin de la plus poignante douleur qui ait jamais brisé un cœur humain.

On a laissé cette grotte dans sa nudité primitive, sauf un autel qu'on y a placé dans le fond. C'est sur ce sol inégal que coula du corps du Sauveur une sueur sanglante. Que de profondes et douloureuses émotions traversent l'âme en songeant que Jésus, fatigué, se retirait la nuit dans cette solitude et y priait, après avoir enseigné dans le temple pendant le jour!

Le sentier qui conduit au sommet de la montagne est étroit, raide et pierreux. Chaque pas réveille un souvenir religieux.

Sur le plateau du mont des Oliviers, le spectacle le plus animé s'offre à nos regards. Par une coïncidence fort rare, cette année, la Pâque et l'Ascension des grecs schismatiques tombaient le même jour que pour les catholiques. De tous côtés se dressent des tentes qui abritent les cérémonies des différents cultes, avec leurs autels, leurs chants, leurs lumières ; à gauche, s'élève la tente où les arméniens célèbrent avec pompe leur grand office ; à peu de distance une tente plus humble abrite les cophtes, avec leur rite plus sombre ; à droite, se dresse la grande tente des grecs schismatiques, avec leurs encensements, leurs processions et leurs *Kyrie eleison* interminables.

En avant se trouvent la grande tente circulaire des Pères franciscains, la tente du consulat et celle des drogmans.

En face, Jérusalem se déroulant dans tout son ensemble, avec ses monuments, ses coupoles, ses mosquées, forme un magnifique panorama, enveloppé des teintes chaudes du soleil d'Orient.

A quelques pas du lieu de l'Ascension, sur une plate-forme au-dessus de la crypte, est l'endroit où les Apôtres composèrent le *Credo*. Là se dresse en plein air un autel orné de fleurs du Mont des Oliviers. Les pèlerins, profondément recueillis, sont prosternés autour de cet autel dès six heures et demie du matin. On célèbre la messe en ce lieu si plein de grands et pieux souvenirs. Quel spectacle ! le *Gloria in excelsis*, le *Credo*, le *Pater*, chantés là ! Comme on prie ! comme on est heureux ! comme le cœur s'élève au ciel avec Notre-Seigneur ! Les larmes ne cessent de couler. Quelles impressions de douleur et de joie se croisent dans notre cœur pendant cette messe, entendue dans de pareilles conditions ! A l'Évangile, le R. P. Briant nous adresse une touchante allocution ; puis on récite les *Pater* et les *Ave* habituels, aux intentions du pèlerinage. Cette messe et ces prières pour l'Église et pour la France produisent une profonde impression. Jamais nous ne perdrons le souvenir de cette fête incomparable.

Jetons maintenant un regard sur un petit centre religieux et français, qu'une femme du monde, éprise de grandes pensées, a établi sur la sainte montagne. M™ la princesse de la Tour d'Auvergne a fait construire l'élégante chapelle du *Pater*, sur le modèle du *Campo Santo* de Pise, le monument du *Credo*, et un couvent de carmélites, qui renferme dans une clôture impénétrable ces âmes vouées à la pénitence et à la prière.

A son insu, la généreuse princesse a immortalisé son nom, en édifiant cette sainte demeure, où des victimes volontaires et certainement agréables à Dieu implorent de sa miséricorde le pardon des pécheurs.

Après la messe, un nombreux groupe de pèlerins se rend au Carmel, où la sœur tourière leur sert avec un charitable empressement du café au lait et du pain; on fait passer ce déjeuner de l'intérieur du couvent, par le tour, dans une espèce de parloir, où l'on se coudoyait, comme au sortir de l'église, tant l'espace était étroit en comparaison du nombre des convives.

Nous avons l'avantage de nous entretenir quelques instants avec la supérieure, cachée derrière les grilles et un sombre voile. Elle nous a fait comprendre que les bonnes carmélites ne sont pas à l'abri du besoin. Leur couvent n'est qu'à moitié achevé, et elles n'ont aucunes ressources pour vivre. Pourtant ces dignes filles de Sainte-Thérèse ne sont nullement inquiètes de cet état précaire. Elles comptent sur la divine Providence, elles espèrent que Dieu suscitera des âmes généreuses pour terminer ce que Mme de la Tour d'Auvergne a si heureusement commencé.

Nous montons ensuite au minaret, voisin de la chapelle de l'Ascension, et nous ne pouvons retenir un cri d'admiration en contemplant le magique panorama qui se déroule devant nous. C'est le plus beau et le plus saisissant spectacle que la nature et l'histoire réunies puissent offrir, et qu'on ne saurait rendre en quelques traits de plume. Du point élevé où nous sommes, nous dominons toute la Judée. Sur le premier plan, au sud, sont les collines de Bethléem. Plus loin, les montagnes qui bornent les déserts d'Arabie et les montagnes bleues de la Judée. A l'est, est la vallée verdoyante du Jourdain. A droite, la mer Morte nous montre, par trois échappées, ses eaux immobiles, mais, de loin, limpides, transparentes et azurées, comme celle des plus beaux lacs de la Suisse et de l'Italie. Sur ce fond montagneux, une cime se détache : c'est le Nébo, le tombeau mystérieux de Moïse. Au couchant, Jérusalem se montre dans toute son étendue. Impossible de voir un plus bel ensemble.

Nulle autre cité ne présente une enceinte aussi grandiose, de remparts crénelés aux assises colossales. Ceux qui nous font face dominent à pic la vallée profonde de Josaphat. Jérusalem formant un carré long est tout entière renfermée dans ses murs. Elle est majestueusement assise sur quatre montagnes élevées, et pourrait dire aujourd'hui encore : *Sedeo regina* ; je suis la reine du monde. Du lieu où nous sommes, nos yeux plongent dans la funèbre vallée de Josaphat jusqu'au Cédron, qui en sillonne le fond. La montagne qui se relève en pic devant nous, et que nous avons descendue en sortant de la ville, c'est le mont Moriah, couronné par la mosquée d'Omar, avec son dôme immense, son parvis de marbre blanc à ciel ouvert, ses pavillons légers qui en dessinent les contours, et ses noirs cyprès.

Le temple de Salomon était là ; il devait resplendir ainsi sous le ciel bleu de Jérusalem, lorsque les Apôtres admiraient, saisis d'étonnement, la beauté de cet édifice, et que le Sauveur versait des larmes à la pensée de la ruine imminente de la malheureuse cité. A gauche de la mosquée d'Omar, nous voyons la coupole de la mosquée *El-Aksa*, ancienne église bâtie par les croisés sur le lieu de la présentation de la sainte Vierge au temple. Une seconde montagne s'élève : c'est le mont Sion, où nous distinguons la tour de David, le cénacle et la mosquée.

Des minarets s'élancent de tous côtés au milieu de ces édifices. A notre droite se trouve la coupole du Saint-Sépulcre, près de laquelle sont les ruines de l'ancien hôpital de Saint-Jean de Jérusalem.

Cette partie de la ville est bâtie sur le mont Acra ou Golgotha. Quatre portes donnent entrée dans la cité sainte : celle de Damas, haute, profonde, crénelée, comme les murs de la ville; elle date de l'époque de Saladin; celles de Jaffa, de Saint-Étienne et de Sion. Il y en a encore deux autres, mais elles sont fermées : ce sont les portes d'Or et de Mangrabins.

Tout ici a le caractère de solennité profondément empreint sur Jérusalem, de quelque côté qu'on la regarde; mais la magnificence de sa position inspire autant d'admiration que ses souvenirs imposent de respect.

XIV

Béthanie et ses souvenirs.

Le Sauveur modèle de toutes nos affections. — Le tombeau de Lazare.

Le soleil était déjà très haut. Malgré la chaleur qui devenait intense, nous ne pouvons résister au désir de nous joindre à un groupe de pèlerins à qui le frère Liéven devait faire visiter Béthanie. Après avoir descendu le mont des Oliviers, nous apercevons Béthanie, qui se cache dans un repli de terrain, quelques maisons modestes que dominent deux tours ruinées, un ancien couvent fortifié, la maison de Lazare, qui se groupent au milieu des oliviers et des grenadiers.

Ce site paisible parle au cœur, parce que nous y retrouvons les plus beaux souvenirs de l'Évangile. Sous ces vergers, le Sauveur venait se reposer dans quelques modestes maisons, pareilles à celles que nous voyons, grises, avec un escalier en dehors et une terrasse que caressent les branches des amandiers. Quand Notre-Seigneur s'y reposait, Béthanie était une petite ville ; elle était devenue un simple village du temps de saint Jérôme, et ce n'est plus aujourd'hui qu'une espèce de gouffre, entre la vallée du Jourdain et le sommet des Oliviers, sur lequel sont disséminées huit ou dix pauvres maisons.

Béthanie n'étant qu'à deux ou trois kilomètres de Jérusalem, nous savons par l'Évangile que deux familles riches avaient souvent le bonheur d'y recevoir Notre-Seigneur : Lazare, avec ses deux sœurs, et Simon le lépreux. C'est là qu'il goûta les plus pures joies humaines, et partagea ensuite le chagrin de Marthe et de Marie. En voyant Lazare mort, le fils de Dieu ne peut retenir ses larmes.

L'amitié du Sauveur pour ses hôtes de Béthanie prouve que la religion ne dessèche pas le cœur. Jésus-Christ a réformé, purifié la nature; il ne l'a pas détruite.

Il a compati à toutes nos misères : il a légitimé nos joies pures en les partageant. Comme l'amitié est le meilleur de tous les biens sur cette triste terre, le Sauveur a voulu être le modèle de toutes nos affections.

L'emplacement du château de Lazare est vaguement indiqué; mais le tombeau sur lequel s'est manifestée la puissance du Fils de Dieu est toujours là grandement ouvert, pour attester le miracle de la résurrection du frère de Marthe et de Marie.

XV

Le Calvaire. — Le Saint Sépulcre.

Joseph d'Arimathie. — L'empereur Adrien. — La statue de Vénus. — Constantin. — Sainte Hélène. — La vraie Croix. — L'église actuelle du Saint-Sépulcre. — Chemin de croix sur la voie douloureuse. — Les deux grandes croix d'olivier, portées par vingt prêtres et vingt laïques. — Les cavas du pacha et du consul de France. — Le palais de Pilate. — La caserne turque. — La colonne de sainte Véronique. — Le Père Marie-Antoine.

Le Calvaire n'est point une montagne élevée, comme on serait tenté de le croire. Il ne forme qu'un petit rameau de la grande montagne qui descend du nord au midi, entourée de ce côté de profonds ravins et sur laquelle est assise la ville de David.

Au moment où le Fils de Dieu consomma son sanglant sacrifice, le Calvaire se trouvait en dehors des murs, au nord de la cité. Le jardin de Joseph d'Arimathie entourait ce rocher, et la partie occidentale de ce jardin renfermait un tombeau taillé dans le roc. Après que le Calvaire eut été arrosé du sang du Fils de Dieu, et que cette tombe s'ouvrit pour recevoir son corps adorable, il devint un lieu sacré, où les chrétiens se rendirent assidûment pour y prier.

Eusèbe nous apprend[1] que l'empereur Adrien, pour en éloigner les fidèles, le fit combler et y élever une statue de Vénus. Mais dès que Constantin fut monté sur le trône, il eut soin de faire purifier ce lieu profané, et il ordonna d'y construire un temple « le plus éclatant et le plus magnifique qui fût sous le soleil ».

Eusèbe, auquel nous empruntons ces détails, dit encore que, dix ans plus tard, les fidèles venaient prier dans cette *nouvelle Jérusalem descendue du ciel, construite en marbre et lambrissée d'or, qui s'élevait entre le Calvaire et le lieu où fut trouvée la croix du Sauveur.*

Sainte Hélène, âgée de plus de quatre-vingts ans, se rendit à Jérusalem pour assister à la dédicace de ce temple. Tout en partageant la joie universelle, la pieuse mère de Constantin s'attristait en pensant que le bois sacré de notre rédemption était encore enfoui sous les décombres. « Quoi! je suis sur le trône, et la croix du Seigneur est dans la poussière! je demeure dans un palais, et l'instrument du triomphe du Christ est enseveli sous les ruines! »

On sait par quels miracles fut reconnu l'arbre de notre salut. Afin d'honorer le lieu où fut trouvée cette pieuse relique, sainte Hélène y fit construire une chapelle, indépendante de la grande église. Il en était de même de la chapelle du Calvaire, bâtie à la même époque. Mais

---

1. *Histoire de Constantin.*

en 614, Chosroès, roi des Perses, détruisit tous ces monuments élevés par la piété de Constantin et de sa mère, il enleva même la vraie croix qui y était déposée. Mais après que ce profanateur eut péri de la main d'un de ses fils, le saint Sépulcre se releva de ses ruines. Au dixième siècle, les musulmans y mirent deux fois le feu. Quand les croisés s'emparèrent de Jérusalem, ils restaurèrent les trois églises et les réunirent ensemble, comme on les voit aujourd'hui. Depuis la chute du royaume latin de Jérusalem, les musulmans ont toujours respecté l'église du Saint-Sépulcre.

L'église actuelle du Saint-Sépulcre n'a ni portail ni grande entrée. Elle se compose de la rotonde, où est le saint tombeau; de la grande nef, occupée par les grecs; de la chapelle du Calvaire et de la petite église souterraine de l'Invention de la croix. Tous ces édifices, reliés ensemble, forment une immense construction. Si ce temple auguste ne brille pas par la magnificence dont l'avait revêtu Constantin, il a toujours la gloire immortelle de renfermer le tombeau de Jésus-Christ.

Le saint Sépulcre est le cœur et la raison d'être de Jérusalem chrétienne, qui se serre autour de la vieille église franque, comme la ville musulmane autour de la mosquée d'Omar.

Le lendemain de l'Ascension, vendredi 19 mai, les pèlerins font solennellement le chemin de la croix. On forme des groupes de cent à cent cinquante personnes, qui se suivent à quarante pas d'intervalle. Cette mesure était nécessaire, en raison du peu de largeur des rues de Jérusalem, rues obscures dans ce pays de lumière. Le cortège est ouvert et fermé par les deux grandes croix d'olivier apportées des navires où elles avaient été érigées. Elles sont portées par des prêtres et des laïques, qui se relèvent de distance en distance. Vingt pèlerins avaient été désignés pour cette belle mission. Ils se disputaient cet honneur avec un admirable empressement. La prière et les chants retentirent dans les rues désolées de Jérusalem, par lesquelles le divin Sauveur passait jadis en portant sa croix.

A chaque station, les groupes s'arrêtent et écoutent les explications données par le F. Liéven et répétées par les prêtres échelonnés le long de la Voie douloureuse. On tombe à genoux, on récite les prières pour gagner les indulgences, on baise la terre et on se relève en chantant le *Stabat*. Pendant deux heures et demie que dure ce chemin de croix, c'est une suite de chants et de prières qui s'entre-croisent avec une piété et un recueillement indicible. On chante aussi les cantiques : *Au sang qu'un Dieu va répandre; Vive Jésus! vive sa croix!* Les soldats turcs précèdent la procession avec les cavas du pacha et du consul. Les cavas portent un brillant costume qui leur donne grand air.

Il se compose d'une veste richement brodée, d'un large pantalon bouffant, d'un sabre courbé et orné de ciselures. La caserne turque nous avait été ouverte pour la première station. La circulation est un peu gênée à la porte judiciaire, où se trouve un carrefour très fréquenté; mais à Jérusalem on sait respecter la prière.

Le palais de Pilate a été transformé en cette caserne, où nous commençons le chemin de la croix. De modernes constructions ont remplacé le palais du gouverneur romain; cependant la tradition indique encore la place des divers événements qui se sont accomplis dans ces murs.

Sans entrer dans des détails sur les différentes stations, nous dirons seulement combien l'émotion nous gagnait à mesure que nous avancions sur la Voie douloureuse. La chaleur, la fatigue qui nous accablait, nous faisaient mieux comprendre encore l'épuisement du Sauveur. Ses forces étaient brisées, la sueur coulait de son front divin; sainte Véronique s'avance et l'essuie. En passant près de la colonne renversée qui indique la demeure de cette femme courageuse, nous envions son bonheur d'avoir pu rendre ce service au divin Maître.

Quelles prières et quelles larmes brûlantes d'amour répandues sur le pavé de Jérusalem dans cette belle journée! Arrivés au saint Sépulcre, tous ensemble, groupés autour de la chapelle qui couvre le glorieux tombeau, nous chantons le *Miserere*, le *Parce, Domine*, et nous entendons l'éloquent et touchant discours du R. P. Marie-Antoine, qui nous a tous profondément émus, en nous montrant ces deux croix embrassant le saint Sépulcre, contre lequel on venait de les déposer, et représentant la croix de l'Église et la croix de la France, réunissant le signe infaillible de leur commun triomphe. Incontestablement cette journée a été l'une des plus belles de notre séjour à Jérusalem, et laissera au cœur des pieux pèlerins un souvenir ineffaçable. A Jérusalem, tout le monde fut étonné de cet édifiant spectacle; jamais on n'en avait vu de semblable: aussi le pèlerinage français, qui s'est fait respecter et aimer, laissera-t-il de profonds souvenirs, même parmi les infidèles.

XVI

Le Patriarchat de Jérusalem.

Statue de saint Pierre. — Mgr Valerga. — La cathédrale latine. — Mgr Bracco. — Le palais patriarcal.

Le lendemain de l'Ascension, 19 mai, nous eûmes une fort belle cérémonie à l'église du Patriarchat ; c'était l'inauguration d'une grande statue de saint Pierre, semblable à celle de Rome, et offerte au patriarche par les pèlerins. Après la messe du pèlerinage, Mgr Bracco bénit cette statue et nous adressa quelques paroles émues.

C'est l'immortel Pie IX qui décréta le rétablissement du patriarchat latin de Jérusalem et choisit Mgr Valerga pour occuper ce siège, que saint Jacques le Juste avait laissé vacant six siècles auparavant. L'épiscopat de Mgr Valerga fut fécond. Il institua un séminaire à Beit-Djalla ; sa dernière œuvre fut la construction de l'église patriarcale et de la maison adjacente, résidence du patriarche et de son clergé.

Cette belle église, qui lui coûta dix années de travaux, ne fut consacrée solennellement qu'en 1872, à peine une année avant la mort prématurée de cet éminent pontife. Elle est située dans l'intérieur de la ville, au quartier du mont Sion, non loin du saint Sépulcre et de la porte de Jaffa, à l'angle occidental des murailles de la ville, où se trouvait jadis un monceau de ruines. Cette admirable cathédrale, d'un style correct et pur, a la forme d'une croix grecque. Elle est précédée d'un parvis, ou péristyle, entouré de hauts portiques.

L'unité du style, l'harmonie de toutes les parties, les fresques qui ornent les voûtes, les six autels qui l'entourent, les tableaux, les statues, qui l'embellissent, en font l'édifice le plus splendide de Jérusalem. Elle est dédiée au saint Nom de Jésus.

Sans le secours d'aucun architecte, Mgr Valerga, secondé par le zèle de ses missionnaires, dirigea seul la construction de cet admirable édifice. Ni les pauvres ni les missions n'eurent à souffrir de ses dépenses. Mgr Valerga n'hésita pas à s'adresser aux chevaliers du Saint-Sépulcre, qui vinrent généreusement à son secours et lui permirent de terminer heureusement cette belle basilique. En mourant, Mgr Valerga laissa par ses œuvres un héritage impérissable. Il éleva le patriarchat de Jérusalem au-dessus de toute influence politique, et lui donna par cela même plus de force et de puissance.

Rien ne pouvait faire prévoir la mort rapide et prématurée de Mgr Valerga : son énergie semblait lui donner une santé à toute épreuve. Mais il savait combien le climat de ces régions brûlantes est meurtrier et à quels dangers l'exposaient les travaux de son apostolat : aussi avait-il choisi d'avance, parmi ses prêtres, l'homme le plus capable de lui succéder, Mgr Bracco, qui a daigné accueillir notre pèlerinage avec tant de bienveillance, et n'a cessé de lui donner des preuves de sa paternelle sollicitude.

Mgr Bracco est né à Torazzo, en 1835. Il vint en mission en 1860, aussitôt après sa promotion au sacerdoce. Son premier emploi à Jérusalem fut de professer la philosophie au séminaire patriarcal. Ses qualités supérieures ne tardèrent pas à le faire distinguer de Mgr Valerga, qui, deux ans après, lui confiait la direction de son séminaire et le nommait vicaire général en 1866, après lui avoir obtenu du Saint-Siège la dignité épiscopale. Par sa connaissance du pays, son expérience des affaires et son respectueux attachement à Mgr Valerga, Mgr Bracco était digne de continuer l'œuvre de l'illustre défunt.

Le Saint-Siège ne pouvait mettre à la tête du patriarchat de Jérusalem un évêque plus vénérable, plus dévoué que Mgr Bracco. Ce digne prélat est entouré d'amour et de respect, non seulement par son clergé, mais par toutes les autorités, qui forment à Jérusalem de si singuliers contrastes. Mgr Bracco maintient avec fermeté l'œuvre de son illustre prédécesseur; il continue à réaliser sa pensée et à poursuivre ses entreprises. On peut dire que la grande âme de Mgr Valerga préside encore aux destinées du patriarchat.

L'extérieur de Mgr Bracco, doux et imposant à la fois, est fait pour inspirer le respect. Ce n'est pas un petit mérite chez un peuple aussi épris de la forme, aussi facile à séduire par les dehors, que l'est le peuple arabe.

Les pèlerins n'oublieront jamais les douces émotions qu'ils ont éprouvées pendant ces belles cérémonies, célébrées avec tant de pompe à l'église du patriarchat.

Au milieu d'une mer de lumière et de nuages d'encens, Mgr le patriarche, avec ses amples vêtements sacerdotaux, son long manteau de soie violette à longue traîne, et sa crosse d'or fleurdelisée, surmontée de la statue de saint Louis, avait une grande majesté. Tout autour de lui, un nombreux clergé, revêtu des plus riches ornements, les pèlerins ecclésiastiques et laïques, remplissent le chœur jusqu'aux marches de l'autel. Près des portes, des Arabes, assis par terre, les jambes croisées, les femmes accroupies et vêtues d'étoffes de couleurs éclatantes et enveloppées de grands voiles, mais le visage découvert, étaient dans l'attitude d'un pieux recueillement.

Ce tableau oriental avait beaucoup de prestige et même de poésie. Il faut y ajouter les sons de l'orgue et les beaux chants exécutés par la chapelle patriarcale.

Mgr Bracco a accordé de nombreuses audiences aux pèlerins français, et les a accueillis dans ses vastes salons avec la plus gracieuse bienveillance.

Nous avons eu l'honneur de nous entretenir plusieurs fois avec l'éminent prélat, qui parle le français avec facilité, et a bien voulu nous donner d'intéressantes notices sur les œuvres qu'il dirige avec un si admirable dévouement.

Attenant à l'église du patriarchat, est un vaste édifice conforme aux besoins du diocèse, au climat, aux habitudes du pays, où Mgr Bracco réunit autour de lui les prêtres de sa mission, les chanoines de son église et les professeurs de son séminaire. On ne peut reprocher à l'architecte ni la somptuosité extérieure ni le luxe intérieur de cet édifice. Tout y est sobre, austère, comme il convient à une famille religieuse et aux mœurs de ceux qui l'habitent. On lui donne le nom de *palais*, pour se conformer au langage adopté pour la demeure des évêques ; il conviendrait mieux de dire un couvent, car la maison du patriarche n'est pas autre chose. Il y vit avec ses prêtres sous une règle sévère.

On conçoit difficilement en France une construction de laquelle le bois est absent ; une maison sans toit, sans poutres, sans solives, enfin une demeure toute en pierres ; des chambres voûtées, de grands corridors qui semblent creusés dans le roc, des terrasses pavées de grandes dalles, sur lesquelles on se promène comme dans l'intérieur d'une cour.

Telles sont les maisons de Jérusalem, telle est l'habitation du patriarche.

Depuis l'établissement du patriarchat latin, la

langue française s'est acclimatée et généralisée à Jérusalem parmi les catholiques. Dans le palais patriarcal, chacun possède au moins cinq langues : outre le grec et le latin, trois sont particulièrement en usage : l'arabe, l'italien et le français.

Mgr Valerga, comme son successeur, sont héritiers légitimes des patriarches latins établis à Jérusalem à l'époque des rois francs.

XVII

L'Ordre du Saint-Sépulcre.

Cérémonie de la réception des chevaliers du Saint-Sépulcre.

A la fin de notre séjour de Jérusalem, Mgr Bracco a décerné l'ordre du Saint-Sépulcre à plusieurs éminents pèlerins.

Il a envoyé la croix de commandeur à M. de Belcastel et à M. de Moisdry, un des plus zélés promoteurs du pèlerinage, qui pendant plusieurs mois s'était particulièrement dévoué pour l'organisation de l'installation des pèlerins à Jérusalem. M. le comte de l'Épinois, M. de la Croix et M. Saulnier ont reçu la croix de chevaliers du Saint-Sépulcre.

Cet ordre doit à Mgr Valerga d'avoir repris l'éclat qu'il tenait de son fondateur, Godefroy de Bouillon. La croix, qui en est le signe distinctif, porte le nom de ce célèbre croisé couronné.

Le patriarche entonne le *Veni Creator*; et, cette hymne étant achevée, il interroge en ces termes le récipiendaire agenouillé devant lui :

— Que demandez-vous ?

— Je demande à être chevalier du Saint-Sépulcre.

— De quelle condition êtes-vous ?

— Je suis de noble origine et né de parents honorables.

— Avez-vous de quoi vivre honnêtement et de quoi maintenir la dignité de la milice sainte?

— Grâce à Dieu, j'ai une fortune suffisante pour soutenir l'éclat et la dignité de chevalier.

— Êtes-vous disposé à promettre de cœur et de bouche de garder les règles de cette milice sainte?

— Je le promets.

Le patriarche continue :

— Si tous les hommes doivent tenir à honneur de pratiquer la vertu, à plus forte raison un soldat du Christ doit-il faire en sorte que jamais aucune tache ne vienne souiller son nom, lui qui doit se glorifier d'être chevalier de Jésus-Christ.

De plus, il doit toujours s'appliquer à défendre la cause de la religion catholique dans les Lieux saints. Il doit surtout défendre ses droits sur les monuments sacrés de la Rédemption, et principalement sur le très saint Sépulcre de Notre-Seigneur Jésus-Christ. Enfin, il doit, par ses actions et ses vertus, se montrer digne de l'honneur qu'il reçoit et de la dignité dont il est revêtu.

— Je déclare et promets, répond le chevalier, les mains dans celles du patriarche, au Dieu tout-puissant, à Jésus-Christ son Fils, à la bienheureuse Vierge Marie, d'observer tout ce que vous venez de m'imposer, comme un véritable soldat du Christ.

Alors le patriarche, posant la main sur sa tête, dit :

— Et toi, sois un fidèle et vaillant soldat de Notre-Seigneur Jésus-Christ, un chevalier de son saint Sépulcre, afin que tu sois un jour admis dans sa cour céleste, avec les soldats qu'il a choisis.

Ensuite le patriarche remet les éperons dorés, que le nouveau chevalier attache à ses pieds, et il lui dit :

— Reçois ces éperons, qui seront pour toi un secours salutaire, afin que tu puisses avec eux parcourir la Ville sainte et te livrer librement à la garde du saint Sépulcre.

Puis il lui remet une épée nue ayant appartenu à Godefroy de Bouillon, en disant :

— Reçois ce glaive saint, au nom du Père, du Fils et du Saint-Esprit. Amen. Tâche de t'en servir toujours pour la défense de la sainte Église de Dieu et ta propre défense, et aussi pour confondre les ennemis de la croix du Christ et pour la propagation de la foi chrétienne. Mais prends garde de ne jamais avec elle blesser injustement qui que ce soit.

Enfin le patriarche remet l'épée dans le fourreau, en ceint le chevalier, en disant :

— Attache fortement cette épée sur tes reins, au nom de Notre-Seigneur Jésus-Christ, et sache bien que les saints ont conquis les royaumes non avec le glaive, mais par la foi.

Cette cérémonie terminée, le nouveau chevalier tire l'épée de son fourreau et la présente au patriarche. Il fléchit le genou et incline respectueusement la tête sur le saint Sépulcre. Alors le patriarche le frappe trois fois sur les épaules avec le glaive nu en prononçant ces paroles :

— Je te constitue soldat et chevalier du saint Sépulcre de Notre-Seigneur Jésus-Christ, au nom du Père, du Fils et du Saint-Esprit.

Finalement le Pontife passe au cou du chevalier une croix suspendue à une chaîne d'or, et, le baisant au front, il dit :

— Reçois cette chaîne d'or, à laquelle est suspendue la croix de Notre-Seigneur Jésus-Christ, afin qu'elle te protège et que tu puisses répéter sans cesse : « Par ce signe de la croix, ô mon Dieu, délivrez-nous de nos ennemis. »

Le *Te Deum* termine cette cérémonie essentiellement religieuse et chevaleresque.

Les chevaliers reçus au Saint-Sépulcre acceptaient autrefois la mission de garder les Lieux saints, de protéger les pèlerins, de racheter les esclaves chrétiens.

A la fin du quinzième siècle, outre le roi de France et les princes de la famille royale, l'ordre comptait quatre cent cinquante membres : grands officiers, officiers et chevaliers.

Pour être autorisé à porter cette décoration, il fallait prouver qu'on avait visité les Lieux saints.

Lors du rétablissement du patriarchat, l'ordre avait besoin d'être restauré. En l'absence du patriarche, il était conféré par le custode de la

Terre sainte. Le gouvernement français n'admettant que les décorations accordées par les souverains, la croix du Saint-Sépulcre ne semblait plus appréciée.

Mgr Valerga comprit combien il importait de relever cet ordre séculaire, autrefois si glorieux.

Le 10 décembre 1847, il obtint de Pie IX l'autorisation de nommer des chevaliers du Saint-Sépulcre, et dès lors cet ordre fut reconnu comme ordre souverain, le Saint-Père en étant le véritable grand maître. Autrefois cet ordre ne reconnaissait que le grade de chevalier; mais le saint Pontife Pie IX, par les lettres apostoliques du 28 janvier 1868, l'enrichit de deux grades plus élevés : les grands-croix et les commandeurs. Les grands-croix ont seuls le droit de porter la plaque d'argent ornée des insignes de l'ordre ; les commandeurs portent la croix suspendue en sautoir par un large ruban noir.

Enfin, les simples chevaliers la portent en plus petit format, suspendue à la boutonnière, comme les chevaliers des autres ordres.

Le costume commun aux trois classes, quant à la forme et à la couleur, est l'uniforme de drap blanc, avec cuirasses, collet, parements noirs, et plus ou moins orné, selon le grade.

La grand'croix ne peut être conférée qu'aux princes, tant ecclésiastiques que séculiers, aux ministres, aux ambassadeurs, évêques, généraux, et à ceux déjà honorés d'une semblable décoration dans un autre ordre.

Les conditions requises par les statuts pontificaux pour obtenir la décoration du Saint-Sépulcre sont :

1° Profession et pratique de la religion catholique, conduite irréprochable ;

2° Noblesse de naissance, ou du moins une position équivalente, de sorte qu'on vive *more nobilium* ;

3° Mérite personnel et services rendus à la religion, surtout en Terre sainte.

Il ne suffit pas aux chevaliers d'avoir mérité cette décoration ; il faut continuer à mériter de la porter, afin de former autour de Notre-Seigneur une glorieuse couronne de nobles et généreux défenseurs. Si, de nos jours, tous les descendants des anciens croisés s'unissaient pour défendre et conserver les droits de l'Église catholique en Palestine, ce serait une grande force pour nous et un grand honneur pour eux.

On reproche souvent à la noblesse française de vivre dans l'oubli de son ancienne grandeur. Porter sur la poitrine la croix de Godefroy de Bouillon serait pour elle un glorieux souvenir et une obligation d'imiter le courage et le dévouement chrétien de leurs pères.

L'ordre du Saint-Sépulcre compte aujourd'hui plus de mille chevaliers. Des souverains, des princes, des généraux, des prélats, une foule de noms illustres, de savants, d'hommes de bien, de chrétiens généreux, se font gloire d'en porter les insignes.

Les chevaliers doivent être reçus dans l'église même du Saint-Sépulcre, après s'y être préparés, comme doit le faire un chrétien avant d'accomplir un acte important. La vieille tradition chevaleresque de la veille des armes, oubliée aujourd'hui, ne s'est conservée que pour l'ordre vraiment chrétien du Saint-Sépulcre. Aussi les nobles chrétiens qui ont le privilège d'être armés chevaliers à Jérusalem se font-ils un devoir de passer la nuit qui précède dans la vieille basilique qui renferme le saint Tombeau et le Calvaire.

La réception des chevaliers doit se faire en face du saint Tombeau.

XVIII

Saint-Jean du Désert.

L'ancienne piscine supérieure. — Le couvent de Sainte-Croix. — *Aïn-Karim*. — La maison de Zacharie. — Le *Magnificat*. — Notre-Dame de la Salette. — La fontaine de la Vierge. — Modine. — La grotte de Saint-Jean-Baptiste. — Les Dames de Sion. — Le proche parent de Joseph. — Marie et Zacharie.

Dimanche, 21 mai, dans l'après-midi, le nombreux groupe de pèlerins qui logeait à la Casa-Nova se rendit de Jérusalem à Saint-Jean. L'état-major de *la Picardie* et de *la Guadeloupe* voulut nous y accompagner.

Deux soldats turcs, spécialement désignés par le pacha pour escorter le R. P. Picard, nous précédaient.

Le frère Liéven, qui marchait à la tête de la petite caravane, nous donna sommairement les détails sur les différents sanctuaires se trouvant sur notre route.

Nous sortons par la porte de Jaffa, et, après avoir franchi les environs désolés de la Ville sainte, nous passons près d'un cimetière musulman, où se trouve l'ancienne piscine supérieure, à l'extrémité de la vallée de Gihon, où le grand prêtre Sadoc et le prophète Nathan sacrèrent, par ordre de David, Salomon roi, 1015 ans avant

Jésus-Christ (*III Rois*, 1.) Non loin de cette piscine a été enseveli Hérode Agrippa, qui fit mourir l'apôtre saint Jacques, emprisonna saint Pierre, et mourut à Césarée pendant que ses adulateurs le proclamaient dieu, l'an 44 avant Jésus-Christ. (*Actes des Apôtres*, xii.)

Bientôt nous arrivons sur un plateau qui se prolonge jusqu'à Bethléem. Il n'y a pas d'endroit dans tous les alentours de Jérusalem où la campagne soit plus belle et plus agréable que celle-ci. Le sol, admirablement accidenté, est d'une grande fertilité. L'air est pur et l'horizon immense. Nous voyons, d'un côté, les montagnes de Moab; de l'autre, la chaîne des monts Éphraïm.

Nous nous écartons un peu de la route de Saint-Jean, qui bifurque avec celle de Bethléem, pour visiter le couvent de Sainte-Croix, séminaire des grecs non unis. Ce couvent est bâti en forme de forteresse du moyen âge. Au septième siècle, l'empereur Héraclius fit construire l'église sur le lieu même où, selon la tradition, fut pris l'arbre qui servit à faire la croix du Sauveur. Sous le maître-autel de l'église, on montre la place où l'on a coupé cet arbre.

Nous reprenons la route de Saint-Jean ; nous montons et descendons par un très mauvais chemin, où nous marchons péniblement, au milieu de grands blocs de pierres glissantes et de cailloux roulants, nous confiant au pas sûr de nos chevaux.

De la hauteur, on découvre à l'ouest la Méditerranée et à l'est le mont des Oliviers, avec une grande partie de la Ville sainte. Par une descente roide et difficile, nous arrivons, au bout d'un quart d'heure, à *Ain-Karim*, appelé vulgairement Saint-Jean, situé sur un mamelon entouré de hautes montagnes.

Nous débouchons, à travers des rochers et un sol aride, dans la jolie vallée de Saint-Jean, qui n'est autre que la vallée du Térébinthe, où David vainquit Goliath. Fraîcheur, culture, aspect riant, tout y respire la joie du mystère de la Visitation et du *Magnificat*. Quel contraste avec la Ville sainte ! Cette vallée de Saint-Jean peut être appelée le vestibule de Bethléem.

Ain-Karim est l'ancienne Aen, ville sacerdotale de la tribu de Juda (*Josué*, xv, 32), où habita le prêtre Zacharie avec Élisabeth, qui y mit au monde saint Jean-Baptiste.

Nous étions très nombreux, et nous allâmes, pour ainsi dire, faire invasion chez les bons Pères franciscains, qui, comme dans les autres couvents de leur ordre, nous accueillirent avec cette hospitalité gracieuse et empressée qui les distingue.

Le frère Liéven nous dit que les premiers chrétiens convertirent la maison de Zacharie en une belle église. Après l'expulsion des croisés, l'église devint une écurie publique.

Enfin, ce sanctuaire a été heureusement restauré et entretenu par les aumônes de la catholique Espagne.

L'église attenante au couvent franciscain a

trois nefs. Elle est vaste et belle, et sert de paroisse.

De la nef, à l'est, on descend par un escalier de sept marches dans une chapelle taillée dans le roc. Ce fut l'habitation de Zacharie, et où Élisabeth donna le jour au Précurseur de Jésus-Christ.

Lundi, 22 mai, la messe du pèlerinage fut célébrée dans cette chapelle. Puis on inaugura la statue de Notre-Dame de la Salette, et un éloquent missionnaire de cette sainte montagne nous adressa un touchant discours.

Dans cette chapelle, sous l'autel, on remarque des médaillons en marbre blanc qui représentent les principaux faits de la vie de saint Jean-Baptiste.

Le village de *Ain-Karim* (Saint-Jean) a environ six cents habitants, dont une centaine seulement sont catholiques.

Les Pères franciscains y desservent la paroisse et ont une école de garçons.

Nous nous rendons en procession au sanctuaire de la Visitation, situé à un quart d'heure de distance.

En sortant du couvent, nous suivons une rue escarpée, au bout de laquelle se trouve la source appelée fontaine de la Vierge, parce que, selon la tradition, la Mère de Dieu, pendant son séjour chez sa cousine Élisabeth, vint y puiser de l'eau.

Près de cette fontaine, ombragée d'un immense sycomore, les habitants musulmans sont massés en grand nombre pour voir passer les hadjis (pèlerins).

Nous entrons dans le sanctuaire nouvellement déblayé et restauré. A main droite, on remarque une niche renfermant un morceau de rocher dans lequel sainte Élisabeth avait caché le petit saint Jean, poursuivi par les soldats d'Hérode.

L'autel au fond du sanctuaire est dédié au mystère du *Magnificat*, au lieu même de la Visitation et du tressaillement de Jean dans le sein de sa mère.

On chanta avec élan le *Magnificat*, dont le P. Marie-Antoine nous fit un rapide mais remarquable commentaire.

Ain-Karim est vraiment le lieu de villégiature de Jérusalem ; et comme les prêtres du temps de Notre-Seigneur, les communautés viennent y chercher, pour l'été, un frais abri.

Les Franciscains, les Dames de Sion, les Pères missionnaires d'Afrique de l'église de Sainte-Anne, y ont des succursales florissantes. La culture obtient ici des merveilles.

Dans l'après-midi, le plus grand nombre des pèlerins partirent pour visiter la grotte de *Saint-Jean-du-Désert*, malgré les avis des commandants de nos deux navires, qui annonçaient un orage. En effet, cet orage ne tarda pas à les surprendre en route ; néanmoins ils ont vu la demeure du plus grand des enfants des hommes.

Pour s'y rendre, on traverse, après une mauvaise descente, une belle vallée bien cultivée, plantée de vignes et pourvue d'une bonne source. Au nord, on voit *Modin*, l'ancienne patrie des Machabées, perchée sur une haute montagne. Au bout d'un quart d'heure de marche, on arrive à une petite construction, ombragée par quelques oliviers. Là, on descend de cheval, et, par une pente raide et difficile, dont quelques pierres forment des gradins, on rencontre une source qui coule près de la grotte de saint Jean-Baptiste, où l'on monte par un escalier de douze marches, taillées dans le roc. C'est là que le saint Précurseur mena une vie austère et se prépara à la prédication.

Dans la matinée, on inaugura la belle statue de sainte Monique, chez les Dames de Sion, dont l'établissement est une merveille. Il y a vingt ans, ce lieu était une montagne de pierre, sans eau, sans terre, sans vie. Le P. Marie Ratisbonne s'est mis à l'œuvre, et aujourd'hui la montagne stérile est devenue un Éden.

Le couvent des religieux et l'orphelinat s'élèvent au sommet, couronné par le dôme gracieux de la chapelle.

Du haut des terrasses superposées sur le flanc de la montagne, on croit voir des jardins suspendus, plantés de beaux arbres couverts de fleurs : les oliviers, les grenadiers, les orangers, les palmiers, les lauriers-roses, se marient aux amandiers, aux pêchers et aux vignes.

Tout cela nous apparaît comme un mirage au milieu du désert. On dirait qu'une baguette magique a fait sortir de terre cette prodigieuse conception.

A notre arrivée, les orphelines, vêtues de blanc et enveloppées de leurs grands voiles, formèrent deux haies et chantèrent en français des cantiques pour nous recevoir.

Rien de plus gracieux que ces frais visages, resplendissants de santé, de candeur, et animés par ces grands yeux noirs veloutés qu'on ne voit qu'en Orient. J'eus la satisfaction de retrouver, en la supérieure, sœur Louise, que j'ai connue à Paris, ainsi que le R. P. Ratisbonne, pour qui je professe une grande vénération. Il a bien voulu se souvenir de moi, et m'a parlé de ses chères œuvres, auxquelles il a consacré sa vie.

Nous avons reçu la bénédiction du saint Sacrement dans la chapelle assez restreinte. Au-dessus de l'autel, une statue de la sainte Vierge plane dans les nuages avec cette inscription : IN SION FIRMATA SVM.

La chapelle est beaucoup trop petite en proportion de l'établissement et de ses besoins. Le R. P. Ratisbonne n'a été préoccupé tout d'abord que de bien installer ses orphelines et les religieuses qui leur servent de mères. Nous souhaitons que leur dévoué protecteur ait la joie de pouvoir construire une belle église, assez vaste pour la communauté et l'orphelinat, composé de plusieurs centaines de petites et grandes jeunes Arabes orphelines du Liban. Les bienfaiteurs des œuvres de Sion voudront certainement continuer leur généreux concours au R. P. Ratisbonne, pour achever et perfectionner ses pieuses entreprises.

Au retour de notre visite au sanctuaire de Saint-Jean-du-Désert, la pluie m'empêcha de prendre le croquis de la fontaine de la Vierge, où plusieurs femmes arabes, de grandes amphores sur la tête, venaient chercher de l'eau.

Bien à regret j'abandonnai mon travail, et m'empressai de monter à cheval pour rejoindre mon groupe de pèlerins. Mais j'avais compté sans des chemins épouvantables, ou plutôt sans l'absence d'un véritable chemin. Il fallait s'avancer lentement, au milieu de blocs de rochers et de pierres roulantes.

Le *moukre* laissé à ma disposition avait la prétention de parler le français et l'italien, quoiqu'il ne sût ni l'un ni l'autre. A un passage difficile, hérissé de précipices, je crie à mon *moukre* arabe :

— Ma selle tourne.

— *Il a paura* (elle a peur), dit-il flegmatiquement sans se déranger.

Une pluie torrentielle, accompagnée d'un vent impétueux, aveuglait cheval et cavalier. Ne pouvant me faire comprendre de mon guide, force me fut de me cramponner à la crinière de mon pauvre coursier, pour garder l'équilibre. Mon cheval fait un faux pas, et, se redressant sur ses pieds de derrière, il me lance sur une grande pierre, la tête en bas. J'aurais dû me briser le crâne, sans l'intervention puissante de cette douce Providence qui nous a donné des preuves manifestes de sa maternelle sollicitude pendant ce pèlerinage miraculeux.

Après un léger étourdissement, j'étais sur pied, sans avoir éprouvé le moindre dommage. Mon Arabe aux formes athlétiques accourut, un peu ému, pour attacher plus solidement ma malheureuse selle. Je ne pus m'empêcher de l'appeler un méchant homme.

— Non, moi bon! moi de Nazareth et proche parent de *Joseph*, de *Marie* et de *Zacharie*.

Quelle colère ne serait désarmée devant une pareille généalogie?

J'ai bien fait rire le bon frère Liéven, en lui racontant mon aventure; il me dit que mon Arabe n'était rien moins qu'un ancien brigand. Il avait conservé quelque chose de son farouche caractère : parfois, quand la pluie lui fouettait le visage, il montrait le poing au ciel; mais d'autres fois il faisait le signe de la croix, surtout quand il faisait des éclairs.

XIX

Bethléem.

La basilique de la Nativité. — L'autel des Mages. — Les chapelles des Saints-Innocents, de Saint-Jérôme, d'Eusèbe, de Sainte-Paule. — La grotte de Lait. — Les Bethléémites. — La dot des filles de Bethléem. — La grotte des Pasteurs. — Le champ de Booz.

Pourtant il fallait continuer la route pénible en ce piteux état. Enfin la pluie cessa, et le vent se chargea de sécher mes vêtements. J'arrivai à Bethléem au grand trot, et m'arrêtai quelques instants pour contempler la ville, où la sainte Famille « ne trouva plus de place dans le *diversorium* », quand elle s'y présenta dans un appareil moins brillant que le mien.

La ville est groupée sur le point culminant d'une cime qui dépasse les sommets environnants. Dans le lointain, au travers de larges ouvertures, on voit la chaîne qui borde la mer Morte, teinte d'un bleu plus foncé que le ciel. A Bethléem, tout est souriant. Ses maisons, assises sur la crête, regardent, d'un côté, les monts de Judée, de l'autre, les horizons de Jérusalem au travers des gorges.

En promenant mes regards sur ces murailles grises, sur ces sommets où paissent les troupeaux, je songeai que là, de ce même ciel, un ange est descendu au milieu des bergers, et que ce cri d'amour a retenti : « Gloire à Dieu au plus haut des cieux ! et paix sur la terre aux hommes de bonne volonté ! » Ce chant, il me semblait l'entendre, il vibre encore dans cette sereine atmosphère.

Pendant que mon esprit se livrait à ces réflexions, j'entrai à Bethléem, que je parcourus dans toute sa longueur, afin d'arriver au lieu où est né l'Enfant Jésus.

Les habitants, catholiques en grande majorité, nous saluaient en français ou en italien. Les femmes n'ont pas la figure cachée, comme à Jérusalem : ici l'on sent que la liberté chrétienne exerce son action.

Beaucoup de pèlerins nous avaient précédés ; d'autres devaient arriver le lendemain matin, pour donner à cette journée un plus grand éclat. On s'entassa dans les chambres de l'hospice franciscain, qui sembla se dilater pour les besoins du moment, et le repos fit oublier pluie et fatigue.

L'église de la Nativité se trouve cachée derrière le couvent où sont logés les Pères franciscains et les grecs schismatiques, qui partout nous disputent la possession des lieux sanctifiés par les mystères de la vie du Sauveur.

C'est sainte Hélène qui a fait construire cette église, la plus belle et la mieux conservée de celles qui remontent à cette époque. Sa forme est celle d'une croix ; quarante-huit colonnes de marbre rose, d'ordre corinthien, partagent le pied de la croix en cinq nefs. L'église a 160 pieds de long et 116 de large.

À l'aube du jour, nous allons nous prosterner devant l'autel qui marque le lieu où le Fils de Dieu est venu au monde. On descend dans la grotte par deux escaliers tournants, de quinze degrés chacun. Malgré la pauvreté et le dénuement de cette petite église, tout y respire la joie et une piété douce et sereine. Un marbre blanc, incrusté de jaspe, entouré d'argent, et ayant la forme d'une étoile, signale la place où naquit le Sauveur : HIC DE VIRGINE MARIA CHRISTVS NATVS EST.

Les Grecs avaient enlevé le marbre et l'inscription, mais la France a fait rétablir l'un et l'autre. Une table en marbre, disposée au-dessus de l'étoile, sert d'autel. Malheureusement, les latins n'y disent pas la messe. Le souverain Pontife, qui a permis de la célébrer au saint Sépulcre, où les schismatiques officient également, n'a pas voulu accorder la même permission pour l'autel de la Nativité.

Depuis neuf ans la lutte entre les grecs et les latins est tellement vive, qu'on n'aurait pu, sans danger, nous autoriser à faire une procession : ce qui n'est pas de tradition dans ce sanctuaire.

Pour éviter tout conflit, nous n'avons point passé dans la basilique en cortège, mais seulement par groupes et sans chanter. Cela n'a pas empêché les pèlerins d'aller communier dans la grotte de la Nativité, à la messe célébrée par le R. P. Picard à l'autel des Mages. Il se trouve dans un petit enfoncement, à l'endroit où Jésus fut déposé après sa naissance et où les Mages l'adorèrent. C'est à cet autel que les latins officient toujours.

La grotte de la Nativité est bien petite : elle peut avoir 30 pieds de long sur 12 de large.

Quarante lampes y brûlent nuit et jour ; les chants, l'encens et la prière montent sans cesse vers le Dieu « qui a tellement aimé les hommes, qu'il leur a donné son Fils sous l'aimable figure d'un enfant. » (ISAÏE.)

De la grotte de la Nativité, on pénètre dans la chapelle des Innocents. Plus loin se trouve une grande galerie carrée, entourée de bancs de pierre. C'est d'une tribune pratiquée dans un des parvis de cette salle, que saint Jérôme expliquait la Bible à ses disciples. Dans deux autres compartiments de ce souterrain, formé par l'extraction des pierres qui ont servi, sans doute, à bâtir la ville de Bethléem, on voit le tombeau de saint Jérôme et ceux de sainte Paule et de sainte Eustochie.

Vers sept heures du matin, le R. P. Hippolyte arriva de Jérusalem, avec un groupe très nombreux. Nous allâmes au-devant de lui, pour entrer processionnellement dans la ville. Notre procession, très solennelle dans la rue, précédée de la musique de l'orphelinat de dom Beloni, entra, par le couvent des Pères franciscains, dans la chapelle de Sainte-Catherine, séparée de la basilique, et qui sert de paroisse. Ensuite nous nous rendîmes, musique et de nombreuses bannières en tête, à la grotte de Lait, beau sanctuaire, appartenant exclusivement aux Pères franciscains, où ils peuvent officier avec plus de calme et de pompe que dans les sanctuaires qu'il faut partager avec les schismatiques.

En retournant au couvent, nous admirons la gracieuse cité, qui nous apparaît comme une douce vision. C'est la ville de David, et elle renferme le berceau toujours respecté et vénéré du Fils de Dieu.

La sainte Vierge, saint Joseph, ont traversé ces rues, ces sentiers : il n'est pas une pierre qui n'ait été témoin de leur passage.

Un grand nombre de Bethléémites nous entourent pour nous vendre des chapelets et des croix en nacre. C'est leur industrie.

Les hommes sont remarquablement beaux. Il existe une différence frappante entre les Bethléémites et les autres Arabes, tant au physique qu'au moral. On voit que le christianisme, auquel ils appartiennent pour la plupart, a imprimé sur leurs figures un cachet de dignité qu'on ne trouve pas chez les musulmans. Les femmes ont conservé le vêtement antique particulier à la petite ville de Bethléem : il se compose d'une chemise de laine rouge et bleue, ouverte sur la poitrine ; d'une espèce de vêtement de la même étoffe, et d'un long voile blanc à larges bords brodés, et gracieusement soutenu par un bonnet à haute forme, qui n'est autre que l'ancienne mitre des femmes orientales. Ce bonnet de laine est orné de corail, de cercles de cuivre et de pièces de monnaie. Le grand luxe est d'y réunir un grand nombre de pièces de monnaie de tout temps et de toute provenance : ce qui, avec les colliers, forme le vieux trésor de la famille. Ajoutez à cela des bijoux de toute sorte ; des anneaux soudés aux oreilles, aux coudes, aux poignets, aux chevilles. Parées de ces bijoux, les belles Bethléémitaines s'avancent drapées dans leurs voiles avec une grâce et une noblesse incomparables. Dans ce pays, les hommes abusent, plus que dans toutes les autres contrées de l'Orient, de la supériorité que la nature leur donne sur les femmes.

Les filles, au lieu d'apporter une dot à leurs maris, sont achetées par eux : aussi plus un père a de filles, plus sa fortune augmente.

C'est à cet usage, emprunté sans doute aux mœurs musulmanes, qu'il faut attribuer la triste condition de la femme dans la famille : c'est elle qui accomplit, avec le chameau et le buffle, les travaux les plus rudes ; c'est elle qui prend soin des enfants, prépare les repas et sert son mari, comme une esclave servirait son maître. On nous a affirmé que cela ne diminue pas l'affection des maris pour leurs femmes, ni des femmes pour leurs maris. Grâce à la religion et à la crainte de ses inévitables châtiments, il n'y a pas de pays où les mœurs soient plus irréprochables qu'à Bethléem.

Dans l'après-midi nous visitâmes la maison natale de saint Joseph, située au milieu d'un champ, dans le voisinage de la grotte de Lait. Une abside demi-circulaire, taillée dans le roc, en indique l'emplacement. Jadis il y avait un oratoire, dont on voit encore les fondations, également taillées dans le roc. Nous passons près du champ de Booz. Il nous semble y voir Ruth, ramassant dans le pan de sa robe les épis échappés aux moissonneurs. Nous traversons une large vallée pour arriver à la grotte des Pasteurs, située au milieu d'un espace carré, planté d'oliviers et entouré d'un mur de pierres sèches. Ce sanctuaire appartenait autrefois aux Pères franciscains. Ce n'est qu'en 1818 que les grecs s'en sont emparés. Selon la tradition, la chapelle appelée grotte des Pasteurs est l'ancienne crypte de l'église bâtie par sainte Hélène, sur le lieu où l'ange du Seigneur apprit aux bergers la naissance du Messie.

On descend dans cette chapelle souterraine, ou grotte des Pasteurs, par un escalier de vingt et une marches. Il s'y trouve encore une partie de l'ancien pavé en mosaïque.

XX

Les Vasques de Salomon.

Beit-Djalla. — Le mont des Francs. — Un dévot musulman. — Les jardins fermés. — La forteresse Kalaar-el-Bourack. — La fontaine Scellée. — L'aïeule des cités juives. — Le vin d'or d'Hébron. — Le tombeau de Rachel. — Le couvent de Saint-Élie. — La Casa-Nova.

A notre retour, au moment de descendre de cheval, nous trouvâmes cinq cavaliers, réunis dans la cour du couvent, qui se disposaient à partir pour une excursion aux Vasques de Salomon.

Depuis longtemps nous désirions visiter ces derniers restes d'une grande civilisation et d'une grande puissance, qui sont demeurés presque intacts au milieu de montagnes désolées. Aussi nous acceptâmes avec un reconnaissant empressement la gracieuse invitation qui nous fut faite de nous joindre à la petite caravane.

Nous traversons le côté sud de Bethléem, à l'extrémité de laquelle se trouve la vallée *Ouadi-Sahdine*. On aperçoit à droite le village de *Beit-Djalla*, où est situé le séminaire patriarcal. Nous pénétrons dans un chemin escarpé, fort raboteux : c'est une ancienne voie romaine, dont on distingue encore quelques traces. A notre gauche, nous avons le *mont des Francs*, dont le pic domine tous les sites environnants. Nous poursuivons la route longeant toujours un aqueduc, dans lequel on remarque, de distance en distance, des ouvertures pour favoriser l'écoulement de l'eau. Dans l'étroit sentier, un Arabe était prosterné, faisant ses prières, tourné vers le soleil. Son profond recueillement nous fait faire des retours sur nous-mêmes. Notre dévot musulman ne détourna pas la tête, ne leva pas les yeux à l'approche de notre assez bruyante cavalcade; à sa place, nous aurions certainement contenté notre curiosité.

Nous distinguons la colline d'Étam, où Roboam, roi de Juda, bâtit une ville, à laquelle il en donna le nom. (*II Paral.*, xi, 6.)

Au pied de cette colline commencent les *Jardins fermés* de Salomon. Le petit village Artase est situé à droite, sur le versant de la montagne. En 1831, ses habitants refusèrent de payer la contribution à Ibrahim-Pacha, qui le fit raser pour punir les séditieux.

De nouvelles maisons se relevèrent des ruines. On y compte six cents habitants.

En ce lieu, la vue embrasse tous les jardins dans la vallée d'Artase, où la chaleur concentrée et l'abondance d'eau, amenée des bassins d'une belle source à Artase même, produisent une fertilité merveilleuse.

C'est ici que se trouvaient ces réduits mystérieux et fleuris, tout ce luxe délicat dont le grand roi avait fait, suivant la phrase charmante du

Cantique des cantiques, « un tapis d'amour pour les filles de Jérusalem ».

Ces jardins appartiennent aux habitants du village ; le plus considérable et le plus beau de tous est la propriété d'un Juif converti au protestantisme. En 1860, il découvrit, à l'extrémité de son jardin, un pavement en mosaïque, des fragments de colonnes et des chapiteaux de style corinthien.

On croit que Salomon avait son palais en ce lieu.

Nous sommes dans le rêve, dans l'enchantement ! Partout des fleurs roses, bleues ; des coquelicots dans les blés, des églantiers dans les buissons, nous réjouissent le cœur. Nous rencontrons des ruines, vestiges d'une population nombreuse, souvent des sources et des puits.

Nous voici en présence de trois immenses réservoirs : ce sont les Vasques de Salomon, que ce roi fit construire pour arroser le *Jardin fermé*, mentionné dans les saintes Écritures. Ces réservoirs ou vasques, qui se versent l'un dans l'autre, s'étagent en tête de la vallée, remplie aujourd'hui de champs verdoyants et de bosquets de citronniers. Un aqueduc amenait aux réservoirs des eaux abondantes ; ils les conservaient pour les arrosages de l'été : c'est le système des lacs artificiels. L'aqueduc, en outre, alimentait les fontaines de Bethléem et de Jérusalem ; il subsiste encore, et transporte la source à Bethléem, mais en évitant les réservoirs, qui ne reçoivent maintenant que l'eau de pluie. Le plus grand bassin a 175 mètres de longueur sur 61 de largeur et 15 de profondeur. A cinquante pas de là, on voit le second, qui mesure 129 mètres de longueur sur 70 de largeur et 12 de profondeur. Plus loin, à la même distance, on rencontre le troisième et le plus petit bassin, qui n'a que 116 mètres de long sur 70 de large et 12 de profondeur. Les vagues bleues, assez agitées, de ce dernier, nous donnaient une image de la Méditerranée en miniature.

Nous arrivons ensuite à une forteresse qui date du temps des croisades : on l'appelle Kalaar-el-Bourack (château des bassins). Il doit probablement son nom à Kaloun, qui le fit construire et restaura l'aqueduc.

Cet immense château, ou forteresse, est carré; il a des tours et des créneaux, et il est occupé par quelques soldats turcs, chargés de garder les eaux et la route d'Hébron à Jérusalem. A notre approche, ils se groupent pittoresquement avec leurs armes et leurs guenilles.

En ce lieu, Ibrahim-Pacha perdit une bataille contre les fellahs (cultivateurs).

A une centaine de mètres de ce château, on remarque la petite construction qui surmonte la fontaine Scellée.

Pour la visiter, il faut se munir d'une lumière. On entre par une porte basse, et l'on descend par un escalier de vingt-six marches dans une chambre souterraine voûtée à plein cintre. Les parois sont en partie taillées dans le roc vif. Elle a douze à treize mètres de long sur quatre de large. Dans le sol, on voit un petit bassin où l'eau vient se jeter, et d'où elle part pour le château d'eau par un aqueduc dans la paroi en partie taillée dans le roc. Par une porte ouverte dans la paroi ouest, on entre dans une seconde chambre, également taillée dans le roc et voûtée ; il y a une paroi dans l'abside sud et une autre dans celle de l'ouest, où l'eau la plus limpide sort du rocher et coule par un canal dans un petit réservoir, d'où elle sort pour aller se jeter dans celui de la première chambre.

Les Livres saints font mention de la fontaine Scellée.

Près de l'angle sud-ouest du château-fort se trouve un réservoir surmonté d'une petite construction, où vient se verser l'eau de la fontaine Scellée, et d'où l'on peut la diriger vers l'un ou l'autre des trois réservoirs ou bassins de Salomon, ou vers l'aqueduc qui l'amène à Bethléem ou à Jérusalem.

La route devant nous s'étend jusqu'à Hébron. Nous avons jeté un regard de regret vers cette aïeule des cités juives, que le temps ne nous permettait pas de visiter. Elle possède une mosquée, qui renferme la grotte de Macphela, tombeau d'Abraham et de ses premiers descendants.

Au moyen âge, on croyait généralement qu'Adam avait été créé dans un champ de terre rouge, proche du tombeau d'Abraham. Les pèlerins venaient admirer ce berceau de l'humanité, et acheter du propriétaire sarrasin un peu du limon dont Dieu avait formé le premier homme. Quoi qu'il en soit de cette légende, la sépulture des Abrahamides, attestée par une tradition continue et authentique depuis Moïse, est un titre suffisant pour Hébron. Enfin, la campagne que nous traversons a été le séjour des premiers patriarches. Jacob y a vécu avec Rachel, à son retour de Mésopotamie; et ce petit coin de terre où reposaient Abraham, Isaac, et où Jacob avait recommandé à ses enfants de reposer ses cendres, représentait aux Israélites campés sur les bords du Nil la terre que Dieu leur avait promise. David et Samuel y sont nés.

On fabrique à Hébron de grossiers bijoux en verroteries, si chères aux femmes de la Judée. Nous avons vu ces bizarres bijoux, torsades de verre rouge, bleu et jaune entrelacées. Les artistes se sont certainement servis des mêmes procédés qui leur furent apportés, il y a trois mille ans, par quelques ouvriers de Tyr ou de Sidon.

Le « vin d'or » d'Hébron, d'une belle couleur d'ambre, a aussi une antique renommée : on le tire des vignes plantées en assez grand nombre sur ces coteaux; on le prépare selon la recette du premier vigneron, et on le conserve dans de grandes jarres de terre poreuse, dont on se servait peut-être à l'époque de Noé.

La route d'Hébron est un amas de cailloux, avec de courts intervalles de terre battue, qui nous permettent de faire trotter nos chevaux. Nous rencontrons des Arabes à longue barbe, portant des robes à larges raies, retenues par une ceinture de cuir. Les Apôtres devaient en porter de pareilles. Quelquefois nous remarquons des types qui nous rappellent la figure que les anciennes peintures prêtent au Sauveur : un ovale délicat, avec la barbe d'un blond un peu roux. Les femmes sont montées sur des chameaux, des ânes, ou marchent à pied. Leur vêtement est d'une grande noblesse; elles le portent avec grâce et dignité. La robe de dessous, attachée à la ceinture, est souvent relevée sur les hanches; les bras sont ornés de bracelets, la tête est couverte d'un grand voile blanc ou bleu, qui cache un peu le front et encadre la figure, passe sous le menton, puis vient former des plis sur la poitrine. De grosses pièces d'argent fixent leurs cheveux le long des joues.

Plusieurs de celles qui cheminent sur des ânes portent leur nourrisson devant elles. Il nous semble que la sainte Vierge, quand elle montait à Jérusalem, devait tenir ainsi l'Enfant Jésus. Quelques-unes, assises à cheval derrière leur mari, passent autour de lui leurs deux bras. Les hommes ont une attitude fière, mais ils saluent avec une physionomie ouverte. Les femmes sourient en nous adressant un signe de tête bienveillant.

Que de mirages sur cette route qui s'étend devant nous! Malheureusement, il faut faire trêve à nos rêveries, pour rentrer dans les limites qui nous sont assignées.

Le chemin bifurque, et nous reprenons la route qui conduit de Bethléem à Jérusalem, où nous devions rejoindre les pèlerins qui, pendant notre excursion, s'étaient reposés dans la ville de David.

Nous passons devant le sépulcre de Rachel, situé à gauche, au milieu du cimetière musulman de Bethléem.

Nous lisons dans la *Genèse* que, lorsque Jacob revint de la Mésopotamie, Rachel mourut et fut ensevelie sur le chemin d'Éphrata, appelée depuis Bethléem (vers l'an 1758 av. J.-C.), et Jacob dressa un monument sur cette sépulture. (*Genèse*, xxxv, 19, 20.)

Jacob, près de mourir dans la terre de Gessen, rappela à Joseph, son fils, que Rachel, sa mère, avait été ensevelie auprès du chemin d'Éphrata. Flavius Josèphe mentionne ce tombeau, au premier siècle du christianisme. (Jos., l. I, viii.)

Le tombeau de Rachel est un petit édifice de 7 à 8 mètres carrés, sans compter le vestibule, surmonté d'une coupole, comme une mosquée.

Les musulmans l'ont en grande vénération, et les Juifs y viennent en pèlerinage.

Il était six heures du soir. Nous venions à peine de quitter le tombeau de Rachel, quand l'orage qui nous menaçait depuis longtemps éclata avec une violence extrême.

C'était une vraie tourmente; et, chose inouïe pour ce pays et pour cette saison, un vent glacial, accompagné de gros grêlons, commençait à souffler, et aveuglait tellement les chevaux, qu'ils refusaient d'avancer.

Des centaines de pèlerins, comme nous surpris par cette vraie tempête, couvraient la route; d'autres cherchaient un abri sous les murs du couvent de Saint-Élie, appartenant aux grecs non unis, qui se trouve à moitié chemin de Jérusalem. Ce couvent, semblable à une forteresse du moyen âge, a été bâti par Héraclius, au septième siècle.

Il faisait nuit close quand nous arrivâmes, trempés jusqu'aux os, aux portes de Jérusalem, où l'inondation avait formé des lacs qu'il fallait traverser pour nous rendre à la *Casa-Nova*. Dans les cloîtres et escaliers, on voyait partout les traces qu'avaient laissées les pèlerins arrivés avant nous et en aussi piteux état.

Devant toutes les chambres, on avait étendu les vêtements trempés, qui avaient transformé les dalles en ruisseaux.

Les jours suivants, la pluie, qui dérangea un peu nos projets d'excursions, avait rafraîchi le temps; et les Arabes disaient: *Sono i Francese qui fanno tutte questo.* Cette température exceptionnelle était une bénédiction pour ce pays, où certaines céréales, à peine semées, allaient lever à souhait.

XXI

Le Sanctuaire de Sainte-Anne de Jérusalem.

Le monastère. — Les missionnaires de Notre-Dame d'Afrique. — La variété des rites catholiques. — Mgr Mansour et l'Église grecque-unie. — Statue du Sacré-Cœur.

Pour se rendre à ce vénérable sanctuaire, on suit une partie de la voie Douloureuse, au delà de l'emplacement de la *Scala sancta*, et l'on passe sous une arcade où, à gauche, on remarque les restes d'un antique édifice construit en grosses pierres : les uns le tiennent pour un débris des quatre tours qui faisaient partie de la tour d'Antonin ; d'autres supposent que c'est une ruine ou monument funèbre d'Alexandre Jannée. (FLAV. Jos., *G. J.*, V, XXI.)

Cent mètres plus loin, se trouve la porte d'entrée de la cour de l'église de Sainte-Anne, bâtie au sixième siècle par l'empereur Justinien Ier, sur l'emplacement de la maison de saint Joachim et de sainte Anne.

Au commencement du royaume latin, cet auguste sanctuaire était habité par un petit nombre de religieuses ; mais quand la reine Arda, femme de Baudouin Ier, y prit le voile, ce couvent acquit une grande extension, et Sainte-Anne devint une abbaye.

Vers 1144, la fille de Baudouin II, Judith, y prit aussi le voile; et habita ce monastère jusqu'à l'époque où sa sœur Mélissante, épouse de Foulques, en fonda un autre à Béthanie, où Judith devint supérieure.

Ces religieuses suivaient la règle de Saint-Benoît.

Après la chute du royaume latin à Jérusalem (1187), Saladin transforma le monastère de Sainte-Anne en école pour les docteurs de l'islamisme. Au quinzième siècle, cette école fut abandonnée, les murs en tombèrent en ruine, mais l'église resta debout.

Les Pères de la Terre-Sainte obtinrent un firman qui les autorise de temps en temps à dire la sainte messe et à visiter la crypte où, selon quelques auteurs, la sainte Vierge est née, et qui se trouve sous la nef droite de l'église. L'église est divisée en trois nefs; on descend dans la crypte par un escalier de marbre.

En pénétrant sous ces voûtes séculaires, l'âme se sent pénétrée d'un profond respect. Les missionnaires de Notre-Dame d'Afrique sont les gardiens du sanctuaire vénéré de Sainte-Anne.

Mgr Lavigerie a fondé une société de missionnaires pour travailler à la conversion du peuple africain, et il leur a imposé de porter le costume des Arabes et de parler leur langue. Ce beau costume blanc est bien en rapport avec les lieux et les hommes que doivent évangéliser les apôtres de l'Afrique. L'éminent cardinal archevêque d'Alger les a installés dans la maison de Sainte-Anne de Jérusalem, où les Turcs et les Arabes les regardent avec respect et les vénèrent comme des marabouts qui leur sont attachés et dévoués. Lorsque les missionnaires arabes pourront enseigner la voie du salut à ces pauvres infidèles, ils seront déjà disposés à les écouter.

Mercredi 24 mai, nous eûmes à Sainte-Anne une des plus intéressantes cérémonies du pèlerinage : une messe solennelle du rite grec-uni. Mgr Mansour, attaché au patriarchat grec-uni d'Antioche, officia pontificalement, assisté du curé grec-uni de Tibériade et du curé de Jérusalem.

Un dominicain, le R. P. Matthieu Lecomte, a expliqué avec clarté la variété des rites dans l'Église catholique, en commentant ces paroles du texte sacré : *Astitit Regina a dextris tuis in vestitu deaurato, circumdata varietate.*

« Le prophète royal, voyant à l'aurore l'Église notre mère, la contemplait sous la forme d'une reine assise auprès du roi Jésus, portant une robe au tissu d'or. Mais sur la robe le prophète apercevait des broderies de diverses couleurs. Et les nuances de celles-ci, se mêlant harmonieusement sur la robe d'or, faisaient à l'Église un vêtement admirable.

« La robe d'or, c'est l'image de la vérité, qui, dans l'Église, ne varie ni avec les lieux ni avec les temps, et qui n'admet pas que personne altère le dépôt dogmatique dont elle a la garde.

« Les broderies qui se mêlent sur la robe au tissu d'or sont l'image des liturgies diverses que suivent les diverses Églises catholiques.

« Vous vous étonnez qu'il y ait dissemblance entre l'Église latine et l'Église grecque, quant à la liturgie. Mais dans l'Église latine même, nous n'avons pas l'uniformité sur ce point.

« A vouloir partout l'unité, on tombe dans l'uniformité, qui est contraire à la beauté.

« Ainsi pense l'Église, qui approuve et protège les différentes liturgies, venant, à côté de la liturgie latine, donner sa forme officielle à la prière catholique.

« C'est aussi la pensée du souverain Pontife Léon XIII. Il a voulu que les jeunes clercs, dont vous venez d'entendre les voix, fussent scrupuleusement élevés dans le rite qui les a vus naître. Plus tard ils seront les apôtres des Grecs séparés ; ils iront à eux sans exiger l'abandon de la liturgie des Chrysostome et des Basile, et par là se fera plus facilement le retour de l'Église schismatique à l'unité catholique. Déjà une tendance accentuée de rapprochement se manifeste. Les Grecs semblent vouloir revenir en masse sous la houlette de Pierre. Nos apôtres seront les instruments dont Dieu se servira pour consommer l'œuvre de la réconciliation. »

Nous avons eu l'honneur de voir plusieurs fois, à Jérusalem, Mgr Mansour, supérieur d'un florissant collège à Beyrouth, envoyé par Mgr le patriarche d'Antioche pour être son représentant officiel auprès du pèlerinage. J'ai eu la satisfaction de l'entendre parler de la situation de l'Église grecque-unie.

Elle compte dans l'Asie Mineure, la Syrie, la Palestine et l'Égypte, environ cent mille fidèles. Elle est gouvernée par un patriarche, qui réside habituellement à Damas, et qui a douze évêques sous sa dépendance.

Mgr Mansour, de qui nous tenons ces détails, nous a affirmé que, dans tous les villages et les petites villes, les schismatiques se convertiront aussitôt qu'on leur donnera des prêtres grecs catholiques. A Jérusalem, à Damas, où il y a déjà un nombreux clergé schismatique riche, soutenu par la Russie, et qui ne manque pas d'un certain prestige d'instruction, la préparation au retour est moins apparente et la lutte demeure plus vive.

Si l'ébranlement se produit en Syrie, si l'Église romaine voit ses enfants, séparés et retenus loin d'elle depuis tant de siècles, revenir dans son sein, que ne pourrait-on espérer pour la conversion des Grecs schismatiques de la Grèce, de la Turquie et de la Russie même? Dans cet immense empire, il y a plus de soixante millions de schismatiques, et le peuple est encore plein de foi. S'il revenait à l'unité, il formerait le plus beau fleuron de la couronne catholique.

C'est par les Grecs catholiques qu'on pourrait arriver au résultat désiré.

Beaucoup d'esprits judicieux pensent que l'Église réparera dans cette partie du royaume de Jésus-Christ les pertes qu'elle subit en Occident.

L'Église grecque catholique est pour ainsi dire au lendemain de la persécution violente et sort à peine des catacombes. Les schismatiques, plus encore que les infidèles, l'ont tenue pendant des siècles sous un joug de fer ; ils lui ont ravi ses édifices religieux et se sont emparés de ses biens. Toute manifestation religieuse étant interdite aux catholiques, leurs prêtres devaient même se cacher pour célébrer les saints mystères et administrer les sacrements. Un schismatique qui aurait manifesté l'intention d'embrasser le catholicisme, se serait exposé à une mort certaine. Nous connaissons une noble famille dont le père, avec deux de ses fils, fut massacré par les Druses. Un des membres de cette famille a été appelé à l'état ecclésiastique. Après de brillantes études en France et à Rome, il s'est séparé des siens pour retourner dans sa malheureuse patrie, malgré les instances qui lui furent faites pour l'attacher au clergé de France, et il se consacre maintenant, avec un admirable dévouement, à la conversion des Grecs schismatiques.

A notre grand regret, nous ne pouvons nous étendre ici sur les intéressantes œuvres dont nous a entretenus Mgr Mansour, et qui ont besoin d'être secourues par les aumônes de la France.

Vendredi 26 mai, la messe du pèlerinage fut célébrée à l'église paroissiale de Saint-Sauveur, appartenant à la custodie des Pères franciscains.

On y inaugura la statue du Sacré-Cœur, offerte par les pèlerins aux Pères de la Terre-Sainte.

L'église n'étant pas assez vaste pour contenir tout le pèlerinage, un grand nombre de pèlerins allèrent au saint Sépulcre.

XXII

Pleurs des Juifs. — Le Temple de Salomon.

Le quartier juif. — Sainte-Marie la Petite. — L'hôpital de Sainte-Hélène. — Bazars. — École de Saladin. — *Fons signatus*. — La porte de la Chaîne. — Les lamentations des Juifs.

Dans l'après-midi nous visitons le quartier juif, et nous nous rendons près de l'enceinte où ils viennent pleurer chaque vendredi, vers quatre heures, excepté le vendredi qui fait partie de la fête des Tabernacles.

Dans cet étrange pays, la vie contemporaine offre sans cesse un éloquent commentaire de l'histoire du passé. C'est là qu'on peut méditer sur la vitalité persistante des religions et sur la réprobation mystérieuse du peuple juif.

Accompagnés par le frère Liéven, nous choisissons pour point de départ les Propylées de Constantin. Prenant la première rue à droite, nous rencontrons une ancienne église dont on ne peut préciser le nom : l'on suppose que c'est *Sainte-Marie la Petite*, mentionnée dans les écrits des croisés, qui a dû se trouver dans le voisinage du saint Sépulcre.

Au milieu de la même rue, nous visitons un

établissement appelé vulgairement *hôpital de Sainte-Hélène*. Le haut de la porte d'entrée est orné de stalactites. La sultane Roxelane, favorite de Soliman, fit construire cet hôpital. Autrefois on y accueillait des malades; maintenant on y donne encore à manger aux pauvres. Soliman avait assigné les revenus de Beit-Djalla et de Bethléem pour l'entretien de cet établissement charitable. On y voit encore trois grandes chaudières de ce temps-là, appelées chaudières de Sainte-Hélène. Cet établissement, n'étant pas entretenu, tombe en ruine. Nous entrons dans une longue rue voûtée, où se trouvent de nombreux bazars. La malpropreté des Juifs est devenue proverbiale; on la connaît, et pourtant on ne peut s'empêcher de frémir en pénétrant dans ces rues immondes : car le ghetto le plus sale est encore splendide auprès de celui de Jérusalem.

On voit apparaître des figures auxquelles on n'est pas accoutumé. Le type des enfants d'Israël brille ici dans tout son éclat. On distingue, entre tous, les Juifs de Jérusalem aux mèches de cheveux qui tombent en deux longues boucles de chaque côté de leur visage.

Rien de plus varié que leurs bazars; il n'est rien qu'on n'y trouve, mais tout est entassé pêle-mêle : des étoffes et du pain, des drogues et des quartiers de viande saignante, des sandales et des pipes, de l'essence de rose et du tabac.

Bien qu'un motif pieux amène généralement les Juifs à Jérusalem, leur esprit mercantile ne les abandonne pas : ils se vengent de leurs vainqueurs en leur vendant avec grand profit.

Ils offrent aux étrangers une foule de choses curieuses : des médailles frappées sous David ou Salomon, des monnaies romaines, des pierres ciselées ; enfin, chez eux, chacun peut satisfaire ses goûts, et revenir du quartier juif la bourse vide et les mains pleines.

Nous entrons dans une rue étroite, qui aboutit à la porte de Damas et suit la vallée appelée par Flavius Josèphe *large ravin;* l'extrémité de cette rue monte considérablement. C'est là le point où ce « large ravin », par ordre des princes Asmonéens, fut comblé avec les débris de la forteresse d'Antiochus Épiphane, située sur le mont Acra, afin d'unir ce mont avec le Temple. (Flavius Josèphe, l. V, xiii.)

En débouchant de cette rue, on tourne à gauche, et, à environ 50 mètres plus loin, on remarque une maison à façade sculptée, nommée *École de Saladin,* parce que c'est lui qui la fit construire ; aujourd'hui encore elle a la même destination.

Un peu plus loin se trouve la belle fontaine appelée *Ain-Sébil;* ses eaux arrivent par des conduits de la fontaine Scellée.

Vis-à-vis, au sud de la fontaine, est le Mekkemeh (tribunal civil). La salle du tribunal renferme une belle fontaine en mosaïque ; l'eau y vient également de la fontaine Scellée.

A peu de distance d'*Ain-Sébil,* se trouve la

Porte de la chaîne (Bab-el-Sinsyleh), qui donne entrée sur le parvis de la mosquée d'Omar; mais on ne peut y pénétrer sans une permission du pacha gouverneur.

Nous retournons sur nos pas, et, à environ deux cents mètres plus loin, nous remarquons deux maisons, à droite et à gauche, qui, bien que délabrées, sont d'une grande beauté : la première, dont la porte d'entrée est ornée de stalactites, servait de collège au temps des croisés; la seconde est une école pour des jeunes filles. Elle porte le nom d'une Persane (El-Ajeuvych), femme d'un officier de Saladin. On y voit encore son tombeau.

Vis-à-vis de la première de ces maisons est une rue qui conduit au lieu où les Juifs font entendre leurs lamentations.

Les voici qui sortent avec un air morne de leurs rues empestées. Quelques-uns portent le costume du pays, ample vêtement de soie aux couleurs éclatantes; mais la grande majorité, Juifs de Pologne, de Russie, de Valachie, ont gardé le sordide costume que chacun connaît : lévite noire, graisseuse, rapiécée, et une coiffure bien étrange sous ce soleil de plomb, le chapeau conique et le grand bonnet de fourrure à ailes débordant la tête; les deux boucles en tire-bouchon battent sur les tempes; les yeux rouges, éraillés, usés par les maladies mosaïques.

Sur ces traits communs à tous, la vulgarité des basses classes européennes, où ils ont vécu, se marie à une expression de crainte constante, trop justifiée par la répulsion dont ils sont l'objet dans tout l'Orient. Impossible de rendre cet extérieur de malpropreté repoussante et cette résignation qui semblent vouloir braver le mépris.

Parmi les femmes nous avons remarqué quelques beaux types. Enveloppées dans leurs grands voiles blancs, elles se mêlent à l'assemblée désolée.

Un étroit couloir est ménagé entre les débris du monument que la tradition fait remonter à Salomon. La foule se presse au pied de la muraille géante, et couvre les pierres vénérées de baisers et de larmes. Les voilà en nombre qui étreignent ces pierres, balançant la tête et le corps avec les ondulations rhytmées de la prière orientale, psalmodiant les lamentations des prophètes. Plusieurs pleurent réellement sur la muraille sacrée qui leur cache la vue du Moriah et du parvis de Salomon.

Le frère Liéven nous donna le texte des deux principales prières qu'ils y récitent en chantant en chœur :

Le rabbin. — A cause du palais qui est dévasté.

Le peuple. — Nous sommes assis solitairement et nous pleurons.

Le rabbin. — A cause du temple qui est détruit.

Le peuple. — Nous sommes assis...

Le rabbin. — A cause des murs qui sont abattus.

Le peuple. — Nous sommes assis tristement...

Ils continuent ainsi la litanie en poussant de profonds gémissements et en sanglotant.

Voici une autre prière, ou chant en chœur :

Le rabbin. — Nous vous en supplions, ayez pitié de Sion.

Le peuple. — Rassemblez les enfants de Jérusalem.

Le rabbin. — Hâtez-vous, hâtez-vous, Sauveur de Sion.

Le peuple. — Parlez en faveur de Jérusalem.

Le rabbin. — Que la beauté et la majesté entourent Sion.

Le peuple. — Tournez-vous avec clémence vers Jérusalem.

Le rabbin. — Que jamais la domination royale ne se rétablisse sur Sion.

Le peuple. — Consolez ceux qui pleurent sur Jérusalem.

Le rabbin. — Que la paix et la félicité entrent dans Sion.

Le peuple. — Et que la verge de la puissance s'élève à Jérusalem.

C'est principalement ici qu'on voit la vérification des paroles du prophète Jérémie disant à ce peuple indocile : « Pourquoi pleurez-vous de vous voir brisés de coups? Votre douleur est inguérissable : c'est à cause de vos péchés que je vous ai traités de la sorte. » (*Jérémie*, xxx, 15).

Nous ne pouvions nous défendre d'une indicible pitié à la vue de cette éternelle infortune, de ce patriotisme sans défaillance quoique sans aliment. Le cœur se serre à ce spectacle.

XXIII

Le Mont Sion. — Le Cénacle.

La fête de la Pentecôte. — Le cimetière latin. — L'abbé Chambaud. — Le Cénacle et son histoire. — La maison de Caïphe. — La maison d'Anne. — Léproseries. — Les Pères de la Terre-Sainte.

Le dimanche de la Pentecôte, la messe du pèlerinage fut célébrée en plein air, dans le cimetière chrétien attenant au Cénacle. Malgré toutes les démarches, on n'avait pu obtenir l'autorisation de la dire dans le vénéré sanctuaire même, où l'on aurait été si heureux de célébrer la cène mystique, en mémoire de celle que le Sauveur y fit avec les siens avant d'aller à la mort. Malheureusement, le Cénacle, qui a été la première église chrétienne, est profané par le culte de Mahomet. Il y a même longtemps qu'il aurait disparu, s'il ne tenait à un bâtiment où se trouve le tombeau de David, que les musulmans ont en grande vénération.

Où trouver dans tout l'univers un lieu plus glorifié, plus aimé, plus regretté que le mont Sion? Tous les écrivains sacrés ont célébré à l'envi ses grandeurs. Dieu l'avait préféré à toutes les demeures des enfants de Jacob; son arche sainte y avait reposé; lui-même y avait habité, et Sion était devenue la montagne du Seigneur. Après les splendeurs du ciel, les Juifs ne connaissaient rien de comparable aux splendeurs de Sion.

Quand Dieu irrité chassa le peuple ingrat et prévaricateur de sa montagne bien-aimée, cette séparation l'accablait de douleur, et le souvenir de Sion, qui le suivait dans sa captivité, faisait couler ses larmes les plus amères sur les bords de l'Euphrate. Sion, la plus belle des quatre collines sur lesquelles était bâtie Jérusalem, a subi le sort des autres quartiers de la cité sainte.

Les pèlerins avaient été convoqués pour six heures du matin. Nous gravissons la sainte montagne, qui, du côté de la vallée, a une pente assez rapide, pour nous rendre au cimetière latin, enfermé d'une muraille. Un spectacle fait pour réjouir les anges se présente à nos regards charmés : des autels portatifs sont placés tout le long des murs, au milieu des tombes, dans tous les coins du cimetière, et le sang du Fils de Dieu descendit sur ces autels aux paroles sacramentelles des prêtres; des pèlerins prosternés priaient dans l'attitude du plus profond recueillement.

Un soleil de plomb dardait sur nos têtes, et, çà et là, un laïque tenait une ombrelle sur le célébrant pendant qu'il distribuait la communion. Le R. P. Picard disait la messe du pèlerinage, et il nous adressa d'une voix émue une chaleureuse exhortation. Après les prières habituelles pour l'Église et la France, le R. P. Picard fit prier les pèlerins pour le saint prêtre que nous avions eu la douleur de perdre la veille de l'Ascension. Il nous avait quittés pour la Jérusalem céleste. C'est au cimetière latin que repose le corps du prêtre d'Angoulême, M. L. Chambaud, qui a succombé à une maladie de cœur ancienne, et trouvé à Jérusalem une mort admirable, faisant avec joie le sacrifice de sa vie. Sa dernière parole a été : « Je meurs pour la France. » Déjà fort souffrant à son arrivée à Jérusalem, il ne fit qu'une seule visite aux Lieux saints : ce fut au mont Sion. C'est là, près du Cénacle, qu'il est enterré. Lorsque son état s'aggrava, on le transporta à l'hôpital français de Saint-Louis, fondé par M. le comte de Piélan, et admirablement tenu et installé par M. de Piélan et sa sainte mère. Les pèlerins malades ont remporté un reconnaissant souvenir des soins dévoués dont les a entourés cette femme d'élite.

La mort de M. l'abbé Chambaud a été une précieuse oblation de notre pèlerinage; nous espérons que notre patrie recueillera le fruit du sacrifice offert si généreusement pour la France par ce saint prêtre. Selon la coutume des catholiques en Orient, le corps du défunt, à visage découvert, a été porté à travers la ville sainte par des prêtres et même des laïques du pèlerinage.

Tous les pèlerins suivaient et priaient dans un

profond recueillement. Au cimetière, le R. P. Emmanuel Bailly, qui avait assisté M. l'abbé Chambaud, raconta en quelques mots sa mort édifiante. Des larmes coulaient de bien des yeux, l'émotion était profonde. Après les prières ordinaires, on en fit une pour la patrie, terminée par le cri de : « Vive la France ! »

En quittant le cimetière, nous rejoignons un petit groupe accompagné du frère Liéven, pour visiter la sainte montagne. Nous nous rendons tout d'abord à la salle du Cénacle, qui se trouve dans une maison isolée et très ancienne, surmontée d'une coupole couverte de plomb et d'un minaret. Deux portes, l'une à l'ouest, l'autre au sud, y donnent accès : c'est par cette dernière qu'on va visiter le Cénacle.

On passe d'abord par une écurie, ensuite on monte un escalier pour arriver sur une petite cour pavée, où, par la première porte à gauche, on entre dans une ancienne église convertie en mosquée, bâtie sur l'emplacement du Cénacle.

La salle où le Sauveur fit la dernière cène avec ses disciples est au premier étage : on y pénètre par un escalier en spirale. C'est une pièce à peu près carrée, qui peut avoir huit mètres de long et autant de large. La voûte, de style roman, est soutenue par un pilier placé au milieu.

Il est triste de voir ce sanctuaire, qui avait été restauré par les croisés, converti en mosquée. Le tombeau même du Sauveur ne saurait être plus cher aux chrétiens que le lieu où il leur a donné de son amour un gage qui se perpétue sur les autels.

C'est au Cénacle que le Sauveur lava les pieds à ses apôtres, leur promit le Saint-Esprit, leur prédit la trahison de Judas et le reniement de saint Pierre.

C'est en ce même lieu que saint Matthias fut choisi pour être apôtre, en place du traître Judas, et que le Saint-Esprit descendit sur les apôtres.

C'est au Cénacle que saint Jacques fut sacré évêque de Jérusalem, que fut institué le sacrement de la confirmation, que saint Étienne et six autres furent élus diacres.

Selon la tradition, le Cénacle était la propriété de Joseph d'Arimathie, le même qui eut l'honneur d'ensevelir le corps du Sauveur. (QUARESMIUS, B, p. 121.)

D'après saint Épiphane, le Cénacle ne fut pas détruit par Titus : il nous dit, dans son livre *de Mensuris*, cité par Quaresmius, qu'Adrien, venant d'Égypte, trouva Jérusalem rasée, excepté quelques petites maisons près du Cénacle, alors converti en église.

Au commencement du quatrième siècle, sainte Hélène fit bâtir à cette place une belle église. Ce sanctuaire, détruit et rétabli à plusieurs reprises, à toutes les époques, eut deux étages, comme aujourd'hui. Le premier étage sert de harem maintenant.

Au temps des croisades, le sanctuaire du Cénacle

était desservi par des chanoines de Saint-Augustin. Ils y avaient une grande abbaye. Ensuite les religieux franciscains y eurent un hospice, qui leur avait été concédé, en 1211, par le sultan Salabad, fils de Meledin, ami de saint François d'Assise.

Quelque temps après, le sultan d'Égypte fit la guerre à son oncle et le vainquit. Tous les chrétiens furent chassés; mais, après une persécution de courte durée, les Franciscains purent se rétablir sur le mont Sion et revenir au sanctuaire que les Augustins leur avaient cédé.

Ce fut Robert d'Anjou, roi de Sicile, et Sanche, son épouse, qui rachetèrent le Cénacle au sultan et le donnèrent au Saint-Siége, à la condition que les Franciscains en seraient les gardiens à perpétuité. C'est alors que les Franciscains construisirent l'église qu'on y voit aujourd'hui. Elle est petite et bâtie avec les matériaux provenant des églises précédentes.

En 1355, une riche dame de Florence, voulant secourir les pèlerins et les malades, acheta le terrain qui environne le couvent et y fit construire un grand hôpital, dont Innocent IV confia la direction aux religieux franciscains. Ils y exercèrent l'hospitalité pendant deux siècles, malgré les vexations continuelles des musulmans et les incursions des Arabes, ce qui coûta la vie à plus de deux cents religieux.

Les musulmans cherchèrent par tous les moyens à expulser les chrétiens de ce lieu, surtout depuis le jour où l'on répandit le bruit qu'une des salles basses renfermait le tombeau de David.

Voulant honorer à leur manière la sépulture du roi prophète, ils parvinrent à en usurper la garde en 1555. Une fois entrés dans la place, ils y firent de rapides progrès. En 1558, presque tous les religieux y furent massacrés, et l'église fut convertie en mosquée, avec le nom qu'elle porte encore aujourd'hui de *Nabi Daoub*. (*Chronique franciscaine*).

En quittant le Cénacle, nous visitons la maison de Caïphe, située dans le voisinage.

On voit encore la cour entourée de galeries, où le Fils de Dieu fut conduit par le peuple, qui y resta assemblé toute la nuit. La salle où le Sauveur fut interrogé par les chefs de la nation et les princes des prêtres, y est attenante. Elle est convertie en église. Derrière cette salle, il en existe une autre plus petite, où l'on croit que Notre-Seigneur fut enfermé après son interrogatoire, en attendant le jour.

A quelques pas de là, nous pénétrons dans la maison du grand prêtre Anne, chez qui fut conduit le Sauveur, avant de paraître devant Caïphe. Elle est devenue un couvent de religieuses arméniennes.

Nous retournons vers la ville, et nous entrons par la porte de Sion. A peine l'avons-nous franchie, que nous remarquons une rangée de misérables cabanes : c'est la léproserie, où habitent une trentaine de ces malheureux, regardés comme le rebut de l'humanité. La lèpre qui les a atteints leur enlève la voix, leur ronge les doigts, le nez, ou leur fait des plaies partout le corps.

Leur aspect inspire de l'horreur même aux animaux. Nous les regardons avec une profonde pitié. Ils sont accroupis près de l'enceinte de la ville, et nous tendent leurs mains difformes pour demander *bachiche*.

XXIV

Le Saint Sépulcre.

La chapelle de l'Apparition de Notre-Seigneur à la sainte Vierge. — La chapelle du Calvaire. — La fente du rocher. — Les gardiens turcs. — La pierre de l'Onction. — Les tombeaux de Godefroy de Bouillon et de Baudouin.

Quelques jours avant notre départ de Jérusalem, j'eus la consolation de passer une nuit au saint Sépulcre, ainsi que plusieurs pèlerins qui obtinrent la même faveur.

L'église du Saint-Sépulcre est sous la garde des musulmans, et ils vendent le droit d'y entrer. C'est un impôt que perçoit le pacha sur les visiteurs. Seuls, les patriarches latin, grec et arménien sont autorisés à faire tirer les verrous de la porte de ce temple auguste. Pour les religieux chargés du service divin, ce serait ruineux d'être obligé d'en acheter le droit chaque jour : afin d'éviter cet inconvénient, les trois rites ont leur couvent dans l'enceinte de ce saint lieu.

Nous parlerons seulement ici des fils de Saint-François d'Assise, justement appelés Pères de la Terre-Sainte. Pendant de longs siècles, ils ont été les gardiens fidèles des sanctuaires de Jérusalem et de toute la Palestine, et les ont défendus au prix de leur sang.

Jusqu'au rétablissement du patriarcat latin, ils avaient seuls charge d'âmes, et recevaient, avec cette juridiction, les honneurs qui y sont attachés. Sans eux, le nouveau patriarche n'eût trouvé que des ruines, car peu de catholiques seraient restés sur cette terre arrosée de tant de sang chrétien. Les couvents des Franciscains ont été de vraies forteresses, où ils ont défendu d'une manière héroïque le drapeau du Fils de Dieu.

Au saint Sépulcre, dans un bâtiment sombre, étroit, humide, dix religieux franciscains s'enferment pour trois mois, et ne sortent de ce tombeau anticipé qu'à de rares intervalles, afin de respirer un peu d'air vital. Là, ils remplacent les anciens chanoines institués par Godefroy de Bouillon pour desservir les saints Lieux.

Les gardiens musulmans n'ouvrent pas de bonne heure la porte du saint Sépulcre : les pèlerins ne pourraient y entendre la sainte messe, s'ils ne prenaient le parti de passer la nuit dans ce sanctuaire. Chaque soir, de cinq à six heures, quand les religieux entrent processionnellement dans leur chapelle, les fidèles qui suivent cette procession sont forcés de quitter l'église, dont on ferme la porte d'airain, que l'on entend crier sur ses gonds, et qui aussitôt est solidement verrouillée.

Un même guichet sert à passer les vivres aux geôliers et aux prisonniers jusqu'au lendemain.

Quelle tristesse de voir les clefs du saint Sépulcre entre les mains des infidèles !

Dans la pénombre du portail sont des soldats turcs étendus sur des coussins, où ils passent leur temps à fumer, à prendre du café et à dormir. Leur grave indolence pourrait presque passer pour du respect.

On ne peut connaître le saint Sépulcre sans passer au moins une nuit dans ses murs. Nous suivrons ici la marche de la procession que font chaque soir les Pères franciscains, et nous visiterons avec eux les onze sanctuaires illustrés par les souvenirs de la passion du Sauveur, à l'intérieur de l'église.

Nous rejoignons les religieux franciscains dans la chapelle qui leur est exclusivement réservée : celle de l'Apparition de Notre-Seigneur à la sainte Vierge. Cette chapelle se trouve en face de la porte d'entrée, à vingt-cinq pas environ du corps principal. Selon la tradition, c'est à cet endroit que le Sauveur s'est manifesté à sa sainte mère. Ce sanctuaire, orné dans le style italien, n'a rien de remarquable. Les Pères franciscains y officient, chaque assistant porte un cierge allumé.

Les sons graves de l'orgue réveillent les échos sous la voûte du temple, et la procession se met en marche. La première station est dans la chapelle même, devant la colonne de la Flagellation, placée dans une niche profonde et grillée. De la chapelle des Franciscains, on tourne la nef des grecs pour arriver à la prison du Sauveur, espèce d'excavation dans le rocher, sanctuaire obscur où l'on croit que fut renfermé Notre-Seigneur pendant les préparatifs de son crucifiement.

Près de là, les bourreaux se partagèrent ses vêtements. Ce sanctuaire appartient aux Grecs. Quelques pas plus loin, on descend quarante marches : c'est le lieu de l'invention de la sainte Croix. On sait que les trois croix de Jésus et des deux larrons furent jetées dans une citerne, et que la piété de sainte Hélène, mère de Constantin, les en fit retirer après trois siècles d'oubli. Un miracle révéla au monde la croix du Sauveur. Des lampes et des cierges sont le seul ornement de l'autel.

En remontant douze marches, on arrive à la chapelle de Sainte-Hélène : c'est là que la pieuse impératrice se tenait pendant les fouilles pour activer les travaux et en obtenir du Ciel le succès. Lorsque la procession remonte dans l'église, elle en suit les bas côtés pour s'arrêter devant la chapelle de l'*Impropère* ou du couronnement d'épines. On y voit un tronçon de colonne sur lequel le Sauveur était assis pendant que ses bourreaux l'abreuvaient d'outrages.

Les deux stations suivantes marquent les scènes sanglantes du Calvaire. On y arrive par dix-huit marches assez raides, taillées dans le roc.

Malheureusement, ce n'est plus le Calvaire tel qu'il était jadis : la colline a disparu en partie par suite de l'exhaussement du sol environnant, car depuis des siècles les ruines se sont amoncelées sur d'autres ruines, puis la pierre et le marbre dont la piété a revêtu la sainte montagne l'ont dérobée aux regards.

Le fond de la chapelle du Calvaire est occupé par trois autels. L'un rappelle le souvenir de la plus tendre des mères, qui assista à l'agonie de son divin Fils. L'autel de droite marque la place où le Sauveur fut cloué à la croix : on s'y arrête en chantant le *Vexilla*, cette hymne de la réhabilitation de l'instrument de supplice. L'autre est au lieu où la croix fut dressée : on voit encore, entouré de marbre blanc, le trou où on l'enfonça.

On croit que le Calvaire est ainsi appelé parce que le premier homme y a été enterré. (*Calvaire* ou *Golgotha* signifie *crâne*.)

Une petite grotte placée au-dessous de la chapelle du Calvaire rappelle cette tradition, qui est rapportée par Origène, saint Basile, saint Épiphane, saint Jérôme et saint Augustin.

D'autres prétendent que le nom de cette colline lui vient de ce qu'elle était destinée aux exécutions.

Le divin Sauveur a voulu que son sang, qui devait effacer les péchés des hommes, fût répandu dans ce lieu, où fut versé le sang des plus grands criminels. La chapelle d'Adam et d'Ève est une grotte creusée au-dessous du Calvaire. On y remarque une fente profonde, se prolongeant perpendiculairement jusqu'au trou de la croix.

Cette fente est le résultat de la grande commotion qui accompagna la mort de l'Homme-Dieu.

Nous avons fait le tour de la nef, et nous sommes devant l'entrée de l'église, située au sud, en face de laquelle se trouve la pierre de l'*Onction*. C'est sur cette pierre que Joseph d'Arimathie et Nicodème embaumèrent le corps du Sauveur, selon la coutume des Juifs, avant de le déposer dans le tombeau. On a recouvert cette pierre d'une dalle en marbre rouge, destinée à la conserver contre les atteintes indiscrètes des pèlerins.

Près de la chapelle du Calvaire se trouvaient autrefois deux tombeaux illustres : comme deux sentinelles, l'ombre de Godefroy de Bouillon et de Baudoin, son frère, semblaient garder le saint Sépulcre, pour lequel avait coulé leur sang. La gloire de ces héros troublait les Grecs, auxquels ils rappelaient nos titres à la possession des Lieux saints. En 1808, ayant obtenu un firman qui les autorisait à restaurer ce qui avait été endommagé par l'incendie dans l'église du Saint-Sépulcre, ils profitèrent de cette occasion pour convertir les tombeaux de Godefroy de Bouillon et de Baudouin en deux bancs de pierre. Mais les noms de ces deux guerriers sont si étroitement liés au tombeau du Rédempteur, qu'ils vivront dans la mémoire des siècles chrétiens comme ceux de Constantin et de sainte Hélène.

XXV

Une nuit au saint Sépulcre.

Édicule du Saint-Sépulcre. — La rotonde. — La coupole. — La chapelle de l'Ange. — Le centre du monde. — L'ornementation du saint Tombeau. — Chœur des Grecs schismatiques. — Leur cérémonie du Feu sacré. — Le petit couvent des Pères franciscains à l'intérieur du saint Sépulcre. — Un souper d'anachorète. — La fête de la Pentecôte. — Le chant suave des Russes. — L'office de nuit des Pères franciscains à la chapelle latine. — Le *Simanterion*. — L'office des Grecs, leur mélopée nasillarde et leurs innombrables *Kyrie eleison*. — Les Arméniens et la chapelle de Sainte-Hélène. — Leur office et leurs splendides ornements. — La chapelle de l'Invention de la sainte Croix. — Matines et grand'messe des Pères franciscains au saint Sépulcre. — Le marbre du Tombeau servant d'autel. — Émotions indescriptibles. — Un dernier regard sur la façade du temple, enveloppée des premières teintes de l'aurore — Le parvis du saint Sépulcre.

De là, s'avançant sous la coupole, la procession s'arrête enfin devant le petit monument qu'elle recouvre : le saint tombeau du Sauveur.

On sait que les païens eux-mêmes se sont chargés de marquer la place exacte de la croix et du saint Sépulcre, en y plaçant les statues de Vénus et de Jupiter. Le divin Maître force souvent les hommes à concourir à l'accomplissement de ses volontés saintes, tandis qu'ils croient agir efficacement contre lui. La piété des empereurs chrétiens éleva des autels à cette place vénérée par une tradition non interrompue, mais profanée par le paganisme; et depuis cette restauration le tombeau du Sauveur n'a cessé d'être un lieu sacré pour tous les chrétiens, qui viennent à Jérusalem de tous les points du monde.

Le saint Sépulcre occupe le milieu de la rotonde, qui remplace celle qu'avait fait construire Constantin. Il se trouve à soixante pas du pied du Golgotha. Des pilastres en maçonnerie ont succédé aux magnifiques colonnes de marbre et de porphyre qui ornaient autrefois ce sanctuaire auguste. Le tombeau est partagé en deux chambres contiguës, distribution conforme à celle que l'on remarque dans les tombeaux qui existent encore aux environs de Jérusalem.

Primitivement, le saint Sépulcre, taillé dans le roc, formait deux grottes : la première servait de vestibule ; la seconde contenait une espèce de banc creux, surmonté d'une petite arcade formée dans le rocher. C'était tout à fait un sépulcre juif, tel qu'on en trouve encore un grand nombre dans la Palestine.

Saint Cyrille nous apprend que sainte Hélène, préparant le terrain pour orner le saint tombeau et construire la basilique, sépara, pour aplanir le sol, le Calvaire de la masse qui renfermait le monument sacré, en démolit même le vestibule pour en faciliter l'ornementation. Cette opération est à tout jamais regrettable. Le saint Sépulcre était monolithe, quadrangulaire, orné de pilastres jusqu'à la corniche. Plus tard, la voûte du saint

Sépulcre fut percée, pour laisser échapper la fumée des cierges et des lampes qui y brûlent perpétuellement.

Les croisés remplacèrent le vestibule, démoli sous Constantin, par un porche à trois portes : une au nord, une à l'est, et l'autre au sud ; dans le pavé de ce porche ou portique était incrustée la pierre dite *de l'Ange*, c'est-à-dire, la pierre que l'ange ôta du saint Sépulcre.

La première chambre est appelée chapelle *de l'Ange*. C'est là qu'il se tenait quand il dit aux saintes femmes :

« Ne craignez pas. Vous cherchez Jésus, qui a été crucifié : il n'est plus ici ; il est ressuscité, comme il l'avait prédit. » (*S. Matth.*, xxviii, 5, 6.)

La seconde, dans laquelle on n'entre qu'en se baissant beaucoup, n'a qu'une ouverture d'un mètre quinze centimètres. Elle peut à peine contenir quatre personnes. C'est la chambre sépulcrale ; c'est le tombeau glorieux qui a été le berceau de notre civilisation, ce tombeau qui a précipité l'Europe vers l'Asie, qui a fait déployer tant de courage, suscité tant de héros.

Les Grecs prétendent que ce glorieux tombeau est le centre du monde ; vérité saisissante au point de vue religieux : depuis deux mille ans tout converge vers ce centre mystérieux.

La pierre du saint Sépulcre proprement dit est recouverte d'une table de marbre, sur laquelle on célèbre les saints mystères. Sa largeur est de deux mètres ; elle est lambrissée de marbre et ornée de peintures assez médiocres. Quarante-trois lampes d'argent, suspendues par les différents cultes, y brûlent nuit et jour; des fleurs y sont sans cesse renouvelées, et l'essence de rose est répandue sur l'autel.

Combien nous aurions préféré voir les murs du saint Sépulcre, ainsi que la butte du Calvaire, dans leur nudité primitive, au lieu de ce revêtement de marbre, que la piété de nos pères leur a fait donner pour les protéger contre les dévastations du temps et peut-être des fidèles eux-mêmes!

En se prosternant dans ce saint lieu, on est forcé de refaire par la pensée le tombeau qu'il renferme : combien la pierre nue ne parlerait-elle pas mieux au cœur! avec quelle émotion l'on baiserait l'excavation où reposa le corps sacré du Sauveur!

Dans l'intérieur du saint Sépulcre, plusieurs petites lucarnes sont ouvertes dans les murs : c'est par là que les Grecs schismatiques font la ridicule cérémonie du FEU SACRÉ.

Pendant la nuit du samedi saint, lorsque l'affluence des pèlerins est plus grande dans l'église, que la foule emplit depuis la veille, un évêque grec, nommé à cause de ses fonctions *l'Évêque du feu*, entre dans le saint Sépulcre et s'y enferme.

Tout à coup le gouverneur turc donne un signal, honneur qui lui est dû pour les bons offices qu'il rend pendant l'année aux Grecs schismatiques.

Aussitôt, obéissant à sa voix comme à celle d'Élie, le feu du ciel descend, paraît-il, sur le cierge que tient l'évêque : car il le passe à l'instant tout allumé par une des lucarnes, et c'est un ange qui est censé avoir apporté du ciel le feu nouveau. Chacun se précipite pour allumer son cierge à la flamme céleste, et s'empresse d'aller le faire vénérer aux parents et amis. Une frénésie furieuse s'empare de cette turbulente foule grecque ; des clameurs sauvages ébranlent la voûte ; on passe de mains en mains ce feu sacré. Les hommes, les femmes, les enfants, s'étourdissent de leur joie bruyante ; et bientôt, dans leur ivresse factice, ils se croient tout permis : au moins a-t-on tout vu, depuis le meurtre jusqu'aux actes les plus indignes du lieu saint.

Quelques schismatiques plus graves emportent chez eux le feu sacré jusqu'à de grandes distances. Des cavaliers, venus de districts lointains, attendent, leurs chevaux sellés à la porte, pour porter une parcelle de cette flamme dans leurs villages. On cite avec honneur des pèlerins qui l'ont apportée jusqu'à Constantinople.

La meilleure place pour voir se dérouler les scènes pieuses du saint Sépulcre est dans les galeries supérieures, qui communiquent avec le couvent latin et servent de promenoir aux religieux. L'église du Saint-Sépulcre est un édifice fort vaste : il se compose d'une rotonde couvrant le petit bâtiment intérieur qui est le tombeau de Jésus-Christ, et, en outre, d'une nef fermée, orientée vers l'est et entourée de bas côtés. Sur la rotonde comme sur ces bas côtés s'ouvrent beaucoup de portes au rez-de-chaussée et de fenêtres au premier étage.

Elles donnent entrée à la lumière dans des chapelles ou sanctuaires révérés, et surtout dans les dépendances de l'église, où les nombreux ministres des diverses sectes se sont établis avec leurs familles. Là sont des chambres, des greniers, des caves, où les provisions entassées font penser à un entrepôt bien plutôt qu'à un temple.

En quittant le saint tombeau, la procession se dirige vers la chapelle des Franciscains, d'où elle est partie, en s'arrêtant à un petit autel destiné à marquer le lieu où le Sauveur, sous la forme d'un jardinier, apparut à Marie-Madeleine.

Dans la chapelle des religieux franciscains est une porte bardée de fer : c'est l'unique entrée de leur petit couvent. Un escalier étroit et sombre y conduit. En suivant des détours, on arrive dans un réfectoire aux murs nus et humides : un crucifix, une table et des bancs de bois en forment tout l'ameublement. Les fils de Saint-François partagent leur frugal repas avec les pèlerins qui viennent passer une ou plusieurs nuits au saint Sépulcre, et ils leur offrent un lit de cénobite, tout en déployant, comme toujours, la plus charitable hospitalité. Du côté opposé, une assez vaste chambre, au premier étage, avec fenêtres vis-à-vis du saint tombeau, et pourvue de quelques lits, est réservée aux dames.

Dans l'après-midi du dimanche de la Pentecôte, nous avions un peu trop prolongé notre excursion au mont Sion : à notre arrivée à la *Casa-Nova*, on nous pressa de nous rendre immédiatement au saint Sépulcre, au risque de voir les portes fermées. On nous assura que les religieux nous donneraient à souper. Chaque jour on leur porte leurs repas du couvent de Saint-Sauveur, ainsi que des provisions pour les pèlerins auxquels ils donnent l'hospitalité. Au lieu de dix pèlerins qu'ils attendaient ce soir-là, trente vinrent faire invasion chez eux : dans un clin d'œil toutes les provisions furent épuisées. Après avoir visité les sanctuaires décrits plus haut et prié quelque temps au saint Sépulcre, notre estomac, réclamant ses droits, nous poussa vers la table hospitalière des fils de Saint-François. Un bon Père vint nous dire sa perplexité : il n'avait à nous offrir que quelques sardines, du pain et du fromage.

Il fut un peu consolé en voyant que nous entamions à belles dents un vieux morceau de fromage et du pain dur comme s'il avait été pétri avec le sable du désert, le tout arrosé d'un vin d'or, recueilli sur les coteaux d'Hébron.

Ce léger souper à peine fini, l'on fit trêve aux conversations, et chacun se retira dans sa cellule. Les bons Pères sont avares de leur nuit, dont une partie seulement doit appartenir au sommeil.

A peine avais-je eu le temps de fermer les

yeux, après une lutte prolongée contre les moustiques, qu'attire l'humidité des cellules : vers onze heures, tout à coup, des chants de chœur d'une extrême suavité retentirent sous les voûtes du saint Sépulcre. C'étaient les Russes qui célébraient leurs offices, je ne sais plus dans quel sanctuaire. Ces chantres invisibles, doués de belles voix admirablement dirigées, psalmodiaient des litanies sur un récitatif en plain-chant; puis une basse ample et profonde reprenait fréquemment un motet lent et plaintif.

J'écoutais avec ravissement la musique religieuse la plus symphonique, la plus douce que l'on puisse entendre.

Debout près de la fenêtre, vis-à-vis du saint Sépulcre, mes regards plongeaient sous les sombres voûtes, où des pèlerins passaient comme des ombres devant le saint tombeau; d'autres y étaient prosternés et baisaient les pierres sacrées; ailleurs, de petits groupes faisaient le chemin de la croix, portant de petits cierges pour guider leurs pas aux différentes stations.

Nous étions encore sous le charme du suave chant des Russes, qui venait d'expirer, quand, à minuit précis, les sons retentissants d'une cloche se firent entendre : elle appelait les religieux franciscains à matines. Nous nous hâtâmes de descendre à la chapelle latine, pour assister à l'office de nuit, qu'on y psalmodiait.

Bientôt une scène d'un autre genre attira notre attention : les grecs appelaient les fidèles à la prière; au lieu d'agiter une cloche, ils frappaient avec des marteaux sur le *simantérion*.

Le simantérion se compose de bandes de bois ou de fer suspendues à des cordes, et dont on obtient, en les frappant, des sons variés qui ne manquent pas d'originalité.

On sait que de nos jours certaines parties du saint Sépulcre appartiennent exclusivement à un culte, tandis que d'autres sont communes à tous.

La partie appartenant en propre aux latins, ou religieux franciscains, sont, outre le petit couvent qui touche à l'église, la chapelle de l'Apparition, d'où nous sommes partis pour suivre la procession des religieux, une moitié du Calvaire, la chapelle de Notre-Dame des Douleurs et celle de l'Invention de la sainte Croix.

La pierre de l'Onction et le saint Sépulcre sont à toutes les communions.

Les grecs sont maîtres absolus de la nef. Elle est somptueusement ornée de peintures, de dorures et de sculptures. Leur sanctuaire, conformément au rite grec, est séparé des assistants par une cloison percée de portes, que l'on nomme templon. Ils ont encore exclusivement une moitié du Calvaire, avec un petit couvent qui en dépend.

La chapelle propre aux arméniens est celle de Sainte-Hélène. Les Grecs et les Arméniens schismatiques forment à Jérusalem deux grandes branches séparées de l'Église; elles se détestent mutuellement.

Les Grecs sont riches, puissants, redoutables par leur astuce et leur fourberie proverbiales. Autrefois, continuellement en guerre avec les Franciscains, ils leur enlevaient, par la force ou par la ruse, les parties les plus considérables des sanctuaires; aujourd'hui encore, ils se maintiennent énergiquement dans les possessions usurpées : au saint Sépulcre, au tombeau de la sainte Vierge, à Bethléem. Ils ne voient pas sans inquiétude les catholiques solidement établis dans les murs de Jérusalem, autour du patriarche, qui en est le chef vénéré. Ils savent parfaitement qu'ils ne peuvent plus rien contre nous. A mesure que nous grandirons, ils deviendront faibles. Le rétablissement du patriarcat latin et la présence d'un consul général de France à Jérusalem sont désormais une barrière infranchissable aux entreprises des schismatiques.

Quelque temps après l'office des religieux franciscains, d'autres voix retentissaient sous les voûtes de la basilique : celles des moines grecs, qui célébraient leurs offices en partie au Calvaire, en partie au saint Sépulcre. Nous nous décidâmes à y assister. Nous fûmes peu charmés de la mélopée nasillarde des hymnes grecques, qui nous semble fausse comme leur croyance. Les religieux grecs, ou caloyers, ont la tête couverte d'une grande toque noire, de laquelle s'échappent de longues mèches de cheveux. Une ample robe noire descend jusqu'à leurs pieds. Leur tenue manque de dignité, comme leur costume, de propreté. De grandes chapes brodées d'or, jetées sur leurs épaules, traînent à terre. Ces caloyers, ou moines grecs, psalmodiaient leurs prières d'un ton lent et monotone : on les dirait ennuyés de leur fonction nocturne. L'officiant était un vieillard d'une taille herculéenne; une longue barbe blanche tombait sur sa robuste poitrine. Trois acolytes, statues immobiles, tenaient, auprès d'un pupitre, chacun un cierge allumé. Ces quatres personnages disparaissaient parfois dans un nuage d'encens, bizarrement éclairés par les cierges. En dehors de quelques cérémonies, auxquelles je n'ai rien compris et que l'on exécutait lentement, je ne remarquai autre chose que des saluts très fatigants, des milliers de signes de croix, régulièrement faits à l'envers avec trois doigts seulement, et des millions de *Kyrie eleison*, débités avec une volubilité telle, qu'à la fin les moines grecs ne devaient plus savoir ce qu'ils disaient. Pendant que l'officiant lisait le rituel posé sur un pupitre, quelques femmes, appartenant au culte grec, avaient réussi à se glisser sous ce pupitre, malgré le coup de pied que leur appliqua un des acolytes; elles restèrent accroupies, cachées à demi par les ornements sacrés, espérant par ce contact s'attirer de plus abondantes bénédictions. Rien de plus bizarre que ces dévots grecs, ne faisant que se prosterner et se relever, pour retomber de nouveau la face contre terre, comme des capucins de cartes.

Bientôt d'autres sons plus mâles et plus puissants retentirent autour du saint Sépulcre. L'office des arméniens succédait à celui des grecs. Là, au moins, il y avait des ornements superbes, de beaux chants, un maintien digne. Ils célébraient leur culte au saint Sépulcre.

Le prêtre arménien était un beau type. Une barbe superbe encadrait sa mâle figure; sur sa tête était une tiare arrondie, peu élevée, reluisante d'émaux et de pierreries; il portait un manteau brodé d'or et de couleurs brillantes, qui enveloppait toute sa personne.

Entre les grecs et les arméniens, la comparaison n'est pas possible : les premiers ont l'air d'être des acteurs mercenaires, qui oublient qu'on les observe; les seconds, de pauvres égarés, peut-être de bonne foi.

Notre âme était sous le coup d'une trop forte émotion, pour permettre au corps de se livrer au repos. Nous ne pûmes nous décider à rentrer dans notre cellule; une impulsion irrésistible nous poussait à monter au Calvaire. D'autres pèlerins nous y avaient précédés; plusieurs étaient prosternés au pied de la croix dans un profond recueillement, dont nous ressentions le contact édifiant. On disait des messes aux trois autels, servies par des pèlerins laïques: les communions y furent nombreuses.

A quatre heures du matin, la même cloche aux sons éclatants nous appela à l'office du matin, célébré par les Pères franciscains au saint Sépulcre. Il ne leur est permis de célébrer que trois messes dans ce sanctuaire auguste : deux basses et une chantée; tout doit être fini à six heures.

On ne peut s'empêcher de gémir, quand, dans ce temple bâti par les croisés nos pères, et dont nous devrions être les maîtres, on nous mesure le temps de nos prières.

A quatre heures précises, le prêtre entre dans le second compartiment du saint Sépulcre. Le marbre du tombeau sert d'autel; le vin et l'eau sont posés sur la pierre sur laquelle l'ange s'est assis. Là, dans un profond silence, le pèlerin, prosterné à l'entrée de cet étroit espace, oublie entièrement le monde, dont le bruit ne pénètre plus jusqu'à lui. En collant ses lèvres sur ces parois de rocher, il médite sur l'événement inouï qui s'est accompli dans ce tombeau, où la mort n'a pu retenir sa victime.

Comment redire ce qui se passe dans l'âme du chrétien, qui s'ouvre aux émotions les plus tendres et aux pieux sentiments que fait naître ce lieu, où se sont accomplies les dernières scènes de la vie du Sauveur?

Il y a des souvenirs qui ne laissent que la faculté de pleurer. Les fortes impressions ne s'expriment point : les paroles ont manqué à tous ceux qui se sont trouvés en présence du tombeau de notre Sauveur. Saint Paul, qui avait contemplé les secrets divins dans la céleste Jérusalem, n'a pu nous les raconter.

En ce précieux moment, nous ressentions un bonheur intime qui dépasse toute expression, et nous pouvions nous écrier avec saint Augustin : *Si Dieu est si bon dans cette terre d'exil, que sera-ce donc dans la patrie?*

Ce qu'on va chercher au saint Sépulcre, ce sont assurément des souvenirs, des émotions, des enseignements pour fortifier la foi. A Jérusalem, l'artiste doit s'effacer pour faire place au chrétien. C'est avec la foi qu'il faut visiter la ville sainte, en pèlerin et non en touriste.

L'office des Pères franciscains au saint Sépulcre est terminé : nous quittons ce saint lieu, le cœur inondé de joie, pour nous rendre à la *Casa-Nova*, afin de prendre quelques heures de repos.

Au moment où nous quittions le temple, le soleil levant venait jeter une teinte rose sur l'admirable façade.

Essayons de recueillir nos souvenirs et de compléter les renseignements donnés déjà, en disant quelques mots de l'architecture du monument, dont nous empruntons la description à l'intéressant ouvrage de M. l'abbé Azaïs[1].

« L'église du Saint-Sépulcre est précédée d'un parvis, qui devait être primitivement un cloître ; il ne reste plus rien de la basilique Constantinienne, bâtie par sainte Hélène avec une rare magnificence, et où, suivant l'expression d'un auteur, l'architecture chrétienne se révélait dans sa juvénile beauté. Dévastée, en 614, par Chosroès, elle tomba encore sous les coups du farouche Hakem,

---

[1]. *Pèlerinage en Terre sainte.*

au commencement du onzième siècle. Le monument actuel est en grande partie l'œuvre des croisés, comme l'atteste la présence de l'ogive.

« La façade présente une disposition très simple : deux portes acculées, dont l'une murée, sont surmontées de deux fenêtres, et séparées d'elles par une architrave ornée de feuillages délicatement ouvragés.

« Les ailes des portes sont flanquées de trois colonnes, qui supportent des voussures dont l'arc se brise en ogive. Le faîte de la façade présente un entablement peu saillant, orné de denticules, qui court horizontalement d'un côté de la place à l'autre ; il s'arrête, à gauche du spectateur, entre les pans d'un énorme clocher, dont les baies ogivales et les contreforts révèlent la même époque que la façade. Ce clocher a été découronné par les musulmans, qui ne permettent pas aux chrétiens de Syrie l'usage des cloches. A droite, et faisant saillie sur la place, est un petit monument carré, à baies ogivales, et surmonté d'un dôme : c'est la chapelle de Notre-Dame des Douleurs.

« Elle forme un étage intermédiaire entre le sol de la place et le niveau du Calvaire, dont elle était autrefois le vestibule. Le nom qu'elle porte va bien à côté du Golgotha.

« L'intérieur de l'église, rebâtie en partie par les Grecs, après l'incendie de 1808, sur le plan d'un architecte de Mitylène, est lourd et de mauvais goût.

« Quel contraste pénible entre le temple et son portail! quel désaccord! Ici, c'est la foi inspirée; là, le schisme glacial; et sous la coupole, le petit monument du Saint-Sépulcre, si gracieux autrefois, a été détruit par les Grecs, bien que l'incendie ne l'eût pas endommagé, et remplacé par une construction massive et sans grâce.

« Le schisme, comme l'hérésie et l'impiété, a la main malheureuse en fait d'architecture sacrée. La foi seule a le privilège de savoir bâtir des églises. »

XXVI

La Source d'Ézéchias.

Le couvent des Dames de Sion. — La chapelle de l'*Ecce Homo*. — Les souterrains de l'ancien prétoire. — La source d'Ézéchias.

Les sanctuaires de Jérusalem, comme les enseignements de l'Église, nous montrent toujours à côté des douleurs la consolation et l'espérance.

Que de souvenirs, que de réflexions, que d'émotions multiples se pressent dans l'âme, quand on suit pas à pas la Voie douloureuse!

Ce n'est pas sans fatigue extrême que nous parcourons, sous un soleil de plomb, les rues tortueuses pour nous rendre de la *Casa-Nova* au monastère des Filles de Sion, situé près de la porte de *Sitti-Mariam*, non loin de Gethsémani.

Dans cette sainte maison, nous trouvons la vraie France, avec le charme de son attrayante bonté. La digne supérieure nous fait le plus gracieux accueil, et veut bien nous faire visiter le sanctuaire, l'orphelinat et les parties antiques de l'*Ecce Homo*, en nous donnant des détails sur les œuvres auxquelles les religieuses de Sion se dévouent depuis tant d'années. Elles ont contribué puissamment au réveil moral de la population arabe. Leur salutaire influence a amélioré surtout la situation des femmes, si abaissées et si opprimées en Orient. Musulmans, juifs et chrétiens se pressent pêle-mêle aux portes des dispensaires des filles de Sion, leur confient l'éducation de leurs enfants, et leur donnent toute sorte de témoignages de respect et de reconnaissance.

Le monastère des Dames de Sion est une agglomération de maisons qui, séparées, se réunissent par des ponts légers jetés sur des rues et par des terrasses superposées l'une sur l'autre. Nous montons à ces belles terrasses, d'où nous contemplons un panorama unique dans le monde.

Nous nous rendons ensuite à la chapelle de l'*Ecce Homo*.

Les intrépides recherches du R. P. Ratisbonne ont trouvé les traces des plus augustes souvenirs ; son énergie héroïque a vaincu tous les obstacles pour élever ce sanctuaire expiatoire sur le lieu même où le peuple déicide avait poussé les cris : *Tolle! crucifige!* La chapelle repose sur les larges dalles de *Gabbatha* (en grec *Lithostrotos*). L'autel où réside la victime immolée est placé au-dessous de l'arc auguste de l'*Ecce Homo*.

Consacrée par les gouttes du sang qui jaillissaient de la tête couronnée d'épines, cette arcade est restée debout sur la Voie douloureuse au milieu de tous les bouleversements. Le piédestal qui a porté le Fils de Dieu était assez solide pour soutenir le poids de deux mille ans. Toute la tradition atteste l'authenticité de cette ruine antique ; les pierres elles-mêmes, au témoignage des archéologues, l'affirment, et rien n'est plus populaire à Jérusalem. Les pèlerins de tous les temps l'ont toujours visitée, honorée, et en ont baisé la sainte poussière. C'est là que la sentence de mort a été prononcée ; c'est de là que le Sauveur, chargé de la croix et entouré du sinistre cortège, a été conduit au Golgotha.

C'est là que Ponce-Pilate, en présentant Jésus-Christ devant le peuple frappé de vertige, s'est écrié du haut de la terrasse ; *Ecce Homo!* « Voilà l'homme ! » Mais, éclairé d'une lumière qu'il n'a pas comprise, il a ajouté cette autre parole : *Ecce rex vester!* « Voici votre roi ! » Ce monument prophétique ne symbolise-t-il pas les desseins de Dieu ? La construction de l'*Ecce Homo* annoncera-t-elle la résurrection promise au peuple d'Israël ?

Espérons que les filles de Sion et leurs nombreuses orphelines obtiendront par leurs incessantes et ferventes prières l'accomplissement des promesses divines. Tous les jours, et à tous les pieux exercices de la communauté, l'on entend par trois fois successives, sur un ton de douloureuse amertume, le cri du Sauveur demandant grâce pour ses bourreaux : *Pater, dimitte illis : non enim sciunt quid faciunt.* « Père, pardonnez-leur, car ils ne savent pas ce qu'ils font. » Sous l'empire d'une profonde émotion, nous pénétrons dans ce sanctuaire expiatoire, pour l'entourer de notre adoration. L'arceau de ce prétoire est tel que les yeux de la divine Victime l'ont contemplé. Une statue du Sauveur s'élève au-dessus de l'autel. Ces pierres sombres ont été témoins des dernières scènes du drame sanglant de la Passion. Les cris : *Tolle! crucifige!* retentissent encore à nos oreilles épouvantées, et nos yeux croient apercevoir partout les traces du sang du Sauveur.

Le couvent de l'*Ecce Homo* couvre les plus rares débris de l'antique Jérusalem. Ce sont d'immenses souterrains qui se prolongent sous la terrasse du Temple. Ils se trouvent au-dessous du tribunal où fut condamné Jésus, et dans lesquels tant de Juifs, cachés, devaient périr au moment de la prise de Jérusalem par les Romains.

C'est au zèle et à l'intrépidité sans égale du R. P. Marie Ratisbonne qu'on doit la découverte de cet inestimable trésor. Ces antiques souterrains manifestent, avec leur source d'eau mystérieuse, des temps nouveaux pour Jérusalem.

On y aperçoit tout d'abord une grande galerie voûtée, où se trouve l'ancien forum populaire. Les Juifs avaient coutume de s'y rassembler quand leurs intérêts ou leurs passions les y poussaient.

Dans son récit de la prise de Jérusalem, Flavius Josèphe fait mention de ces souterrains, dans lesquels Jean de Giscala et Simon Gioras se réfugièrent avec leurs soldats, pour échapper au massacre des derniers jours. Quand on voit les proportions de ces magnifiques galeries, on comprend qu'elles pouvaient abriter un nombre de soldats considérable.

En faisant faire des fouilles dans ces souterrains, le R. P. Ratisbonne découvrit une source, la seule connue dans la ville sainte, qui n'a que de l'eau de citerne en dehors de l'eau amenée sur la terrasse du Temple par les vasques de Salomon.

Le R. P. Ratisbonne a raconté lui-même toutes les circonstances de cette inappréciable découverte dans les *Annales de Sion*, auxquelles nous empruntons les détails suivants :

« Nous venions de jeter à bas les masures d'un petit immeuble aboutissant au couvent de l'*Ecce Homo*, et que nous avions acheté à un prix relativement très modéré.

« En creusant le sol de cet enclos, nous arrivâmes à une profondeur désespérante sans trouver le rocher. Un jour enfin, le 21 juin, l'ouvrier employé à cette périlleuse besogne me fit appeler, m'annonçant qu'il avait trouvé le roc solide. Je me hâtai de descendre au fond de l'excavation, pour constater par moi-même la réalité de cette heureuse nouvelle. L'ouvrier, saisissant une barre de fer, frappa sur la pierre.

« Ce n'est pas le rocher. » lui dis-je : « n'enten« dez-vous pas que ça sonne creux ? Débarrassez
« davantage cette pierre des déblais qui la recou« vrent, et vous vous assurerez que nous ne sommes
« pas encore au bout de nos excavations. »

« En effet, après un travail de quelques minutes, on soulevait une dalle immense ; mais, à notre grande surprise, cette dalle était superposée à une section de canal parfaitement taillé dans le rocher, et ce canal était plein d'une eau limpide à plus d'un mètre et demi de profondeur.

« C'était de l'eau de source s'infiltrant à travers les rochers ; elle se distillait toute pure et sans aucun mélange dans le canal qui lui avait été préparé, et à plusieurs reprises nous avons tenté d'épuiser le canal, sans jamais y parvenir : le niveau de l'eau se rétablissait immédiatement. Nous étions devant une découverte de la plus grande importance au point de vue de l'antiquité comme aussi au point de vue de l'emplacement de l'*Ecce Homo*.

« C'était la seule et unique source retrouvée à Jérusalem depuis que la ville avait été renversée de fond en comble.

« Le bruit de cette découverte se répandit bientôt, par la voix de nos ouvriers, dans tous les quartiers de la cité aride et désolée.

« Chacun exprimait à sa manière ses appréciations au sujet d'un tel événement.

« Quelques-uns, jaloux et mécontents, disaient avec dédain et en haussant les épaules : *C'est beaucoup de bruit pour peu de chose.* Les femmes musulmanes passaient devant l'*Ecce Homo* en chantant avec leur cadence habituelle : *Ceux-là sont bénis de Dieu, ceux-là sont bénis de Dieu.* Mais ce qu'il y eut de plus singulier en cette occurrence, c'était l'émotion que cette découverte produisit parmi les Juifs. Ils arrivaient par troupes avec leurs rabbins et leurs savants, demandant à visiter la source et à emporter de son eau dans les différents vases dont ils avaient eu soin de se munir, ce qui leur fut accordé.

« Je m'approchai d'un vénérable rabbin, le priant de me dire pourquoi les Juifs manifestaient une pareille dévotion à cette source ; et voilà, mot pour mot, la réponse du docteur de la loi :

« Il est écrit dans le Talmud : « Il y a trois
« sources cachées à Jérusalem. Quand ces trois
« sources seront découvertes, le Messie viendra.
« Nous venons ici pour constater la vérité tou-
« chant la découverte de la première source. Ce
« canal et tout ce travail souterrain datent du
« règne d'Ézéchias ; il était principalement des-
« tiné aux besoins du Temple et au nombreux
« personnel employé au service du culte divin,
« alors surtout que l'ennemi assiégeait Jérusalem,
« et cherchait à la réduire par la faim et par la
« soif. »

— « Savez-vous », lui dis-je à mon tour, « pour-
« quoi le bon Dieu a permis que je retrouve cette
« première source cachée ? Comme vous, je suis
« enfant d'Abraham. Le Messie, que vous attendez
« encore, est déjà venu : c'est Jésus-Christ, que
« les Juifs ont méconnu. Ici, au tribunal du gou-
« verneur romain, ils ont demandé la mort
« de leur Messie ; ils ont demandé que son sang
« retombât sur eux et sur leur postérité ; ils ont

« obtenu de Ponce-Pilate, qui avait reconnu son
« innocence, qu'il fût crucifié! Eh bien! moi,
« enfant d'Israël, j'élève ici, sur ce même em-
« placement, une église, un autel expiatoire,
« au nom de mes frères les Juifs, afin que le
« Seigneur leur pardonne, et que le sang de
« Jésus-Christ retombe sur eux et sur leur pos-
« térité, non plus en malédiction, mais en béné-
« diction. L'eau du saint baptême doit couler
« ici sur leurs têtes coupables, et laver la tache
« de sang qui souille leurs fronts; et afin que
« l'eau régénératrice du baptême ne fasse jamais
« défaut, Dieu m'a fait découvrir la source
« d'Ézéchias. »

« Sur ce, notre rabbin, ébahi et saisi d'effroi, me tourna le dos, et décampa comme si le diable l'emportait. Après l'importante découverte dont nous venons de parler, une autre non moins importante allait se faire : elle était comme le complément et la raison d'être de la première.

« En effet, nous ne tardâmes point à mettre la main sur l'entrée encore obstruée d'un immense tunnel, qui, de l'emplacement de notre couvent, conduisait en droite ligne aux substructions de l'antique Temple de Salomon. Les proportions en sont gigantesques, et émerveillent les nombreux pèlerins qui demandent à y descendre.

« Ces magnifiques voûtes souterraines ne devaient pas être seulement destinées à conduire dans les immenses réservoirs du Temple les eaux de la source d'Ézéchias; elles devaient servir encore de passage stratégique d'une tour à une autre tour, aux défenseurs de la ville et du Temple, et à la garnison de la citadelle Antonia.

« M. le comte de Vogüé, MM. de Sauley, Victor Guérin, Ganneau, et presque tous les savants pèlerins allemands, anglais et américains, ont visité, avec le plus vif intérêt, ce monument sans égal à Jérusalem et par son antiquité et par son état de conservation, et en ont fait mention dans leurs écrits.

« Le grand réservoir des eaux d'Ézéchias forme comme l'antichambre des tunnels.

« Un escalier aussi antique que le tunnel lui-même, mais auquel on a fait placer une rampe, permet aux visiteurs une facile descente.

« Malheureusement, une grande partie de cette double voie souterraine est encore encombrée de terre : une dépense de cinq à six mille francs serait nécessaire pour la dégager entièrement et lui rendre son aspect primitif. »

Si une société scientifique voulait entreprendre ce travail, le R. P. Ratisbonne lui accorderait toute facilité pour son exécution; elle y trouverait même de précieux dédommagements, car on prétend qu'une légion tout entière a été enfouie sous ces décombres; en tout cas, elle retirerait de ces terres une quantité considérable de salpêtre, que les autorités de Jérusalem achèteraient volontiers pour la fabrication de la poudre.

On comprend bien que les religieuses elles-mêmes ne sauraient entreprendre de semblables recherches.

XXVII

La Mosquée d'Omar.

Le parvis de la mosquée et les farouches gardiens. — Emplacement du temple de Salomon. — David et Nathan. — Alexandre le Grand. — Flavius Josèphe. — Le calife Omar. — Godefroy de Bouillon et les chanoines du saint Sépulcre. — *Templum Domini*. — Le Haram-el-Chérif. — La tour Antonia. — Dix portes. — L'ancienne cour des Gentils. — Cour des Israélites. — L'autel des holocaustes. — L'esplanade et les portiques de marbre. — Il faut changer de chaussure. — *Mekke-mel-Davour* (tribunal de David). — Le Saint des Saints. — La mosquée du Sakkrah, ou de la Roche. — La coupole, les mosaïques et les verreries. — La surface du Sakkrah. — L'aire d'Ornan. — Saladin. — Légendes. — L'empreinte du pied de Mahomet. — Les selles d'*El-Borak*. — L'étendard du prophète. — Le puits des âmes. — Salomon et les deux pies orgueilleuses. — L'arcade de la balance. — La mer d'airain.

Samedi, 27 mai, nous avons visité la fameuse mosquée d'Omar, bâtie sur l'emplacement du temple de Salomon. Les pèlerins logés à la *Casa-Nova* étaient en nombre, ayant à leur tête le R. P. Picard. Le frère Liéven nous servait de guide et nous donnait les plus intéressants détails sur les monuments musulmans que nous admirions. Le principal d'entre eux, la mosquée d'Omar, est le chef-d'œuvre le plus accompli de l'art arabe. Les mahométans considèrent cette mosquée comme l'un de leurs plus célèbres sanctuaires. Autrefois, le chrétien qui se permettait de franchir seulement le mur d'enceinte, commettait un crime qui méritait la mort. Sous la voûte et devant la fontaine, veillaient encore, il y a quinze à vingt ans, les Arabes, armés jusqu'aux dents, le sabre au poing, prêts à faire tomber la tête du téméraire qui eût osé franchir le seuil sacré, sans un firman difficilement accordé.

Après la dernière guerre d'Orient, la mosquée est devenue accessible aux Européens, moyennant une autorisation, que les consuls des puissances étrangères peuvent obtenir du gouverneur de la province.

Les jours du grand carême des musulmans, dit *Ramadan*, et tous les vendredis de l'année, cette mosquée reste fermée aux visiteurs.

Nous citerons ici quelques notices historiques que le frère Liéven nous rappela avant de nous conduire dans cette enceinte merveilleuse.

La mosquée d'Omar occupe l'emplacement de l'ancien temple de Salomon sur le mont Moria. Cette célèbre montagne est située à l'est des monts Sion et Acra. La tradition place en ce lieu le sacrifice qu'Abraham voulut faire de son fils Isaac. David, pour témoigner à Dieu sa reconnaissance de l'avoir délivré de la peste, résolut d'élever en ce lieu un temple au vrai Dieu; mais le prophète Nathan vint lui dire que la construction en serait réservée à son fils Salomon. (*II Rois*, VII.)

Le roi-prophète se contenta alors d'assembler les matériaux, et Salomon, la quatrième année de son règne, jeta les fondements du temple de Jérusalem, 1012 avant Jésus-Christ. (*II Paral.*, xxii.) Sept ans après, le temple fut achevé et Salomon y plaça l'Arche d'alliance. (*III Rois*, viii; *II Paral.*) Mais le temple fut brûlé, 476 ans plus tard, par Nabuchodonosor. (*IV Rois*, xxv, 9; *II Paral.*, xxxvi, 19.)

Cyrus permit qu'il fût reconstruit, 536 ans avant Jésus-Christ. (*II Paral.*, xxxvi, 23; *I Esdras*, i, 3, vi, 3.) Les travaux furent terminés en 520.

Vers l'an 332, Alexandre le Grand le visita et y offrit des sacrifices au vrai Dieu. (Flavius Josèphe, xi, 4.) Héliodore, envoyé par Séleucus, roi de Syrie, voulut enlever le trésor sacré ; mais, à l'entrée de la trésorerie, une main invisible le frappa. Transporté hors du temple, sans mouvement, il ne dut la vie qu'aux prières du grand prêtre Onias. (*Machabées*, ii, 2.)

Antiochus Épiphane, après le massacre d'un grand nombre d'hommes, enleva ce que le temple renfermait de précieux et y plaça la statue de Jupiter Olympien. (*I Mach.*, i, 23, 25, 57.) Deux ans après, le temple fut purifié par Judas Machabée et le culte du vrai Dieu rétabli. (*I Mach.*, iv, 43.) Pompée s'empara de vive force de la ville sainte, pénétra dans le temple, mais laissa tout intact. (63 ans avant J.-C.)

Flavius Josèphe nous apprend que, 17 ans avant J.-C., Hérode le Grand rebâtit le temple. Il employa dix mille ouvriers, et mille prêtres pour travailler dans le lieu saint, où ceux-ci, seuls, pouvaient pénétrer. On mit quarante-six ans pour construire cet édifice sacré. (*S. Jean*, II, 21.)

Ce fut dans ce temple que l'ange du Seigneur annonça au prêtre Zacharie la naissance du précurseur du Messie. (*S. Luc*, I.) C'est là encore que la sainte Vierge passa son enfance et, plus tard, vint offrir son fils au Seigneur. (*S. Luc*, II.) Le vieillard Siméon y rendit grâces à Dieu de lui avoir fait voir le Sauveur du monde.

Environ trente-sept ans après la mort de Jésus-Christ, Titus détruisit ce temple. Vers l'an 134 de notre ère, Adrien rebâtit la ville, lui donna le nom d'Elia Capitolina, et fit élever un temple à Jupiter, sur l'emplacement du temple de Jéhovah. Les magistrats de la nouvelle ville érigèrent une statue en l'honneur d'Adrien.

Les Juifs obtinrent de cet empereur, à prix d'argent, la permission de venir, une fois par an, pleurer sur les ruines vénérables de leur temple.

Sainte Hélène et son fils Constantin firent renverser ce temple (327), mais respectèrent la statue. L'année 361 de l'ère chrétienne, Julien, après son apostasie, vint en Orient ; et pour démentir les prophéties, il fit ôter les fondements de l'ancien temple et voulut le rebâtir. Mais le feu sortit de terre, et, tuant les ouvriers, mit fin à cette impiété.

En 636, le calife Omar chercha la pierre sur laquelle Jacob reposa sa tête quand il eut la vision mystérieuse. On lui désigna l'emplacement du temple, bien que cette vision ait eu lieu réellement à Béthel. Omar y ajouta foi et fit nettoyer l'emplacement qu'on avait couvert d'immondices. Il enleva lui-même, dans un pan de sa robe, ce qu'il en pouvait porter, et toute sa cour suivit son exemple.

Le rocher saint ayant été mis à découvert, Omar l'enferma dans une mosquée superbe. D'autres califes ornèrent cet édifice de beaux marbres, de mosaïques et de grilles couvertes d'or et d'argent.

Au huitième siècle, un tremblement de terre la renversa ; elle fut relevée, mais avec moins de magnificence.

En 1099, les croisés s'emparèrent de la mosquée. Ils y trouvèrent de grandes richesses en lampes et candélabres d'or et d'argent. (GUILLAUME DE TYR, l. VII, 20.) Les croisés transformèrent la mosquée en église et on érigea un autel sur le rocher saint. Godefroy de Bouillon y institua pour le service religieux des chanoines de Saint-Augustin, qui jouirent des mêmes privilèges que le chapitre d'une cathédrale, et la mosquée reçut le titre de *temple du Seigneur (Templum Domini)* comme souvenir de l'ancien temple. Le couvent des chanoines se trouve au nord de l'église. (JEAN DE WURTZBOURG.)

En 1187, l'église devint de nouveau mosquée comme elle est actuellement.

Dix portes donnent accès aux parois de la mosquée. Celle qui est située à l'angle nord-ouest, près du sérail, sert ordinairement d'entrée aux visiteurs. Cette porte franchie, on se trouve dans le *Haram,* cité sainte dans la cité commune, dont elle occupe presque un quart comme superficie.

C'est le sommet du mont Moria, aplani au nord par des nivellements, prolongé au sud par des remblais. Les travaux gigantesques des rois de Juda ont formé cette esplanade du Haram-el-Cherif, qui a environ cinq cents mètres de long sur trois cents de large. Ce quadrilatère est renfermé dans une enceinte de murailles antiques, continuées au sud et à l'est par le mur même de la ville, et se rattachant au nord à la tour Antonia, la vieille citadelle romaine.

Le grand sacrificateur Hircan, fils de Simon Machabée, fit construire cette tour sur le rocher, y établit sa demeure, et garda les vêtements sacerdotaux dont il se servait pour sacrifier dans le temple. (120 ans avant J.-C.) (Flav. Jos., viii.)

La tour Antonia fut habitée par le roi Antigone, fils d'Hircan, qui emprisonna ses frères et fit mourir de faim sa propre mère, parce qu'elle lui disputait le gouvernement. Il y fit tuer encore son frère Aristobule.

Hérode, s'étant emparé de la couronne, trouva la position de la tour Antonia très avantageuse et la fit fortifier.

Il lui donna ce nom en l'honneur de son ami Antoine (vers 38 ans avant J.-C.). Cette tour avait une demi-stade en tout sens, et se trouvait dans l'angle nord-ouest du temple, où venaient se joindre deux galeries. (Flav. Jos., *G. I.* V, 15.)

Elle était défendue par des fossés très profonds des côtés nord-est et ouest, et elle était flanquée de quatre tours situées à égale distance. Les Romains y avaient une garnison en permanence pour surveiller le temple et le peuple. (Flav. Jos., *G. I.*) Hérode fit construire un tunnel qui de cette tour conduisit à une autre située à la porte orientale du temple. (Flav. Jos., ch. viii.) Au temps de la passion du Sauveur, la tour Antonia était, comme jadis, l'habitation du gouverneur. Ponce-Pilate y déclara Jésus-Christ innocent, et néanmoins le condamna à la mort. (*S. Jean*, xix.) Titus s'empara de la forteresse Antonia l'an 70 de notre ère, et la fit démolir par les légions romaines, qui y employèrent sept jours. (Flav. Jos., *G.*, VI, xiii.)

Au milieu de l'esplanade, une seconde plate-forme entièrement dallée en marbre supporte la mosquée du calife Omar, qui occupe l'emplacement précis du temple d'Israël, et se détache avec une majesté incomparable sur ce piédestal, visible de tous les points de l'horizon de Jérusalem.

En se dirigeant vers le sud, on rencontre une belle fontaine ; puis, après avoir traversé l'ancienne *Tour des Gentils*, on monte un escalier de marbre orné d'un portique.

Le frère Liéven nous avertit qu'il fallait en ce lieu changer de chaussure et les remplacer par des babouches de couleur que les Musulmans nous offrent moyennant *bachiche*.

Nous nous trouvons sur une belle terrasse ou plate-forme dallée. C'est la *Cour des Israélites*, jadis environnée d'un mur de vingt mètres de haut. (FLAV. Jos., *G.*, V, XIV.)

Ce lieu est vénérable parce qu'il a été honoré de la présence de Jésus-Christ, qui y fit plusieurs actions merveilleuses.

C'est là que le Sauveur, âgé de douze ans, fut retrouvé par ses parents, écoutant et questionnant les Docteurs de la loi. (*S. Luc*, II, 46.) Le démon transporta Jésus sur le faîte de ce temple et l'y tenta. (*S. Luc*, IV.) Il prophétisa la destruction que Titus vint accomplir trente-sept ans plus tard. (*S. Math.*, XXIV, 2; *S. Marc*, XIII, 2; *S. Luc*, XIX, 44.)

A la porte du temple se trouvaient deux *des chambres du trésor*, près desquelles on lavait les victimes offertes en sacrifice; quatre citernes, qu'on remarque sur cette plate-forme, indiquent les lieux où ces victimes étaient sacrifiées. L'accès de ce temple, ou *Cour des Israélites*, était défendu aux païens sous peine de mort. (FLAV. Jos., *Antiquités*.)

Les Israélites qui y entraient par la porte du nord devaient sortir par celle du sud. Les extrémités nord, est et sud, étaient fermées aux femmes, séparées des hommes par un mur.

(FLAV. Jos., *Antiquités*, XIV, V.) A l'est de la mosquée d'Omar, on remarque un petit monument, en forme de pavillon supporté par dix-sept colonnes et deux cercles : c'est l'emplacement de *l'autel des holocaustes.* Non loin de cet autel se trouvait la tribune où le roi assistait au service divin. (*Ézéchiel*, XLVI.)

Cette construction est appelée par les musulmans tribunal de David, *Mekke mel Davour*, ou dôme de la chaîne. Ils prétendent qu'elle se trouve sur le lieu même où David jugea le peuple, et que, pour lui faciliter cette charge, le Seigneur fit descendre du ciel une chaîne que les témoins, en prêtant serment, devaient tenir en main; si un témoin était parjure, un anneau de la chaîne se détachait et l'injustice était découverte. Près de ce monument, saint Jacques le Mineur fut précipité du temple: comme il n'était pas mort dans sa chute, on le traîna plus loin, et on le tua avec un bâton de foulon.

La principale mosquée se nomme *El-Sakhrah* (ou *de la Roche*) à cause du rocher du mont Moria, sur lequel elle est bâtie et qu'on y vénère, comme ayant servi d'autel au sacrifice d'Abraham.

Elle s'élève au milieu d'un vaste parvis. Sur tout le pourtour, là où un peu de terre végétale s'est amassée sur le roc primitif, sont plantés des oliviers, des cyprès, qui l'ombragent : aussi les poëtes arabes célèbrent-ils à l'envi les délices de ce lieu, qu'ils comparent au paradis. Comment redire la majestueuse ordonnance de cette admirable mosquée d'Omar, la splendeur de la lumière sur ces parvis, les charmes toujours nouveaux qu'elle présente aux regards du spectateur!

La mosquée est de forme octogone; chaque côté a 67 pieds de largeur sur 46 de hauteur; cette partie est ornée de marbres variés. Chaque pan, revêtu de marbre et de porcelaine bleue vernie, a vingt mètres de face.

La voûte de la mosquée est couverte de mosaïques et de dorures parsemées de textes du Coran. Elle est éclairée par sept fenêtres de vitraux de couleur et surmontée d'une coupole couverte de cuivre et dominée par un immense croissant. Les proportions et l'ensemble du monument sont admirables; quatre portes, ornées en quatre porches et tournées vers les quatre points cardinaux, y donnent entrée; celle du sud est la plus ornée.

A l'intérieur, deux bas côtés concentriques sont séparés entre eux par huit piliers, faisant face à huit angles, et seize colonnes supportent ensemble vingt-quatre arceaux en ogive. Le dôme est soutenu par douze colonnes et quatre piliers reliés par quatre arceaux. Une belle grille de fer est placée entre les piliers et les colonnes; une seconde grille en bois, artistement sculptée, entoure le Sakhrah (roche sainte).

La surface du Sakhrah est nue, inégale et percée perpendiculairement d'un trou; la Roche ou Sakhrah a dix ou douze mètres de large; elle contraste singulièrement avec les riches ornementations de la mosquée. Ce *Sakhrah*, vénérable pour les Juifs, pour les chrétiens et actuellement pour les musulmans, fut l'aire d'Ornan que

David acheta de ce Jébuséen. Le feu du ciel descendit sur ce rocher pour consumer le sacrifice que le prophète-roi offrit au Seigneur. (*I Paral.*, XXI, 13, 18.) Quand il fut renfermé dans le fameux temple de Salomon, l'arche d'alliance y reposa, et on appela ce lieu le *Saint des saints*.

Le grand prêtre, après avoir envoyé le bouc émissaire au désert, avait seul le droit d'y entrer une fois l'an, pour la cérémonie appelée le jour des Expiations. (*Lévitique*, V; XVI, 29.)

Le temple de Salomon fut détruit par Nabuchodonosor, et le *Saint des saints* resta enseveli sous les ruines. Lorsque les Juifs furent sortis de la captivité, Zorobabel le fit rebâtir, mais le *Saint des saints* resta vide : car avant la destruction, le prophète Jérémie avait sauvé le *tabernacle*, l'*Arche d'alliance* et l'*autel des parfums*, et les avait cachés dans une caverne du mont Nébo. (*II Mach.*, 2, 5.)

A la prise de Jérusalem, les croisés substituèrent la croix au croissant; mais quand Saladin eut repris la Ville sainte, en 1188, ce signe de notre foi fut définitivement abattu; on lava le pavé et les murs avec de l'eau de rose, et cet édifice redevint le sanctuaire mahométan.

A l'extrémité ouest du rocher de *Sakhrah*, on voit une empreinte ressemblant à une main : les musulmans l'attribuent à l'ange Gabriel. Le frère Liéven nous a cité plusieurs de ces fables qui font sourire un homme sensé; mais ce sont des points de la croyance musulmane, et nous n'avons pas voulu les passer sous silence ; voici la légende concernant le *Sakhrah*.

« Mahomet, monté sur *El-Borak*, jument blanche dont l'ange Gabriel lui avait fait cadeau, partit pour le ciel afin d'y traiter des affaires importantes ; mais le rocher *El-Sakhrah* se souleva, se disposant à suivre le prophète. Dieu, ne voulant pas priver le monde de ce rocher béni, chargea l'ange Gabriel de le retenir, et celui-ci y laissa l'empreinte de sa main. »

A l'ouest du *Sakhrah* se trouve une espèce de cage en fer. En y passant la main par une petite ouverture, on peut toucher l'empreinte du pied de Mahomet qu'il y laissa sur un fragment de marbre. Au sud on voit l'*étendard* du Prophète enroulé autour de sa lance et *le drapeau déployé d'Omar*. En ce même lieu, on montre les selles d'*El-Borak*. Ce sont simplement des fragments d'une corniche en marbre blanc, ayant une légère ressemblance avec ces objets.

Dans la première nef circulaire, devant la porte *Bab-el-Djinneh*, se trouve encastrée dans le pavé une belle plaque de jaspe, ornée jadis de dix-neuf clous en or, fixés par Mahomet lui-même, et qui marquent le temps que devrait durer le monde. Vers la fin de chaque siècle un de ces clous disparaît et va consolider le trône d'*Allah*.

Un jour le malin esprit entra par la porte *Bab-el-Djinneh*, et se mit à voler ces clous, afin de voir bientôt la fin du monde ; mais, surpris par l'ange Gabriel, il fut battu et à jamais chassé de ce glorieux sanctuaire. Trois clous et demi y restent encore.

A l'angle sud-est se trouve un escalier de quinze marches qui conduit dans une chambre souterraine, ayant pour plafond le *Sakhrah*, qui, selon la croyance musulmane, est suspendu en l'air et n'a pour soutien qu'un palmier invisible, soutenu par les deux mères des deux grands prophètes : Mahomet et *Issa* (Jésus). La prudence musulmane, pour ne pas effrayer des gens de peu de foi, a placé un mur à l'endroit où le rocher fait corps avec le reste du mont Moria.

Cette chambre souterraine a été visitée par plusieurs personnages illustres, et les musulmans ont eu soin de marquer leurs places respectives.

En y entrant, à droite de l'escalier, un petit meuble indique le lieu de prière de Salomon ; un autre celui de David.

Abraham vint faire sa prière dans une petite excavation de la paroi gauche ; le prophète Élie dans l'angle nord, et Mahomet près de la paroi nord-est.

Un jour *El-Borak* transporta de la Mecque le prophète en ce lieu. Mahomet, dans la ferveur de sa prière, heurta, par malheur, sa tête contre ce rocher, qui, devenu mou comme la cire, reçut avec vénération l'empreinte de son turban. On l'y montre encore de nos jours.

En frappant du pied le sol du milieu de la chambre, on obtient un son d'où l'on conclut qu'en dessous il y a une cavité. D'après les croyants de l'islamisme, chaque semaine, du dimanche au lundi et du jeudi au vendredi, les âmes des musulmans se réunissent dans ce puits pour adorer Dieu. C'est pourquoi ils l'appellent *puits des âmes (Bir-el-Arouk.)*

A la porte sud de la mosquée on montre un Coran, qu'on dit avoir appartenu au calife Omar.

On sort de la mosquée par la porte du nord (*Bab-el-Djinneh*) et en longeant le mur à main gauche, on trouve sur la droite deux sanctuaires à coupoles soutenues par des colonnes en marbre blanc. Le plus petit porte le nom de la fille de Mahomet, *Fatimeh*, qui épousa son cousin Ali, en 623. Leurs descendants régnèrent en Égypte et en Mauritanie, sous la désignation générique des *Fathmites*. L'autre est nommée coupole de l'ascension de Mahomet. En face de la porte du sud de la mosquée est un portique ; à ses quatre arcades est suspendue une *balance* dans laquelle, au jugement dernier, seront pesés les mérites et les démérites de chaque âme. De là les âmes iront faire la preuve au *Pont Siralh*. A l'ouest de ce portique, on remarque une belle chaire en marbre (*Membar*); on y prêche chaque vendredi de l'année.

A deux mètres de hauteur, sur le mur de la mosquée, on remarque une plaque de marbre, dont les veines représentent le simulacre de deux oiseaux. Selon les musulmans, ce sont deux pies, pétrifiées en punition de leur orgueil, dont le frère Liéven nous a raconté la légende :

« Salomon, ayant achevé son temple, voulut que tous les êtres animés vinssent lui apporter un tribut en signe de sujétion. A cet effet, il ordonna à tous les animaux de venir lui présenter leurs hommages. Le lion fit le sacrifice de sa belle crinière ; l'éléphant, celui de ses dents précieuses ; la licorne, de son arme unique ; l'autruche, des belles plumes de sa queue ; les abeilles, d'un rayon de miel exquis, et la république des fourmis lui envoya une cuisse de sauterelle.

« L'espèce volatile seule, à l'instigation de la pie, refusa d'obéir.

« Pourquoi, disait la mauvaise conseillère, pourquoi obéir à l'ordre tyrannique d'un homme ? Malgré toute sa sagesse, peut-il nous poursuivre et punir notre amour de la liberté ? Restons où nous sommes ; montrons-lui que toute la nature n'est pas son esclave, et qu'il y a encore des êtres auxquels il ne commande pas.

« Cette proposition séditieuse fut acceptée.

« Or, comme on le sait, le grand roi parlait toutes les langues, même celle des oiseaux. Ayant appris cet acte de défi, il convoqua une seconde assemblée, bien décidé à se tenir caché dans un endroit voisin, afin de juger par lui-même la perversité de la pie.

« Quelques jours plus tard, les délégués de toute la gent volatile se réunirent autour du rocher pour aviser au moyen de rendre hommage à Dieu et d'obéir à Salomon, sans cependant s'avilir ni abdiquer leur indépendance. Cette fois, au lieu d'une seule, deux pies assistèrent à l'assemblée. Le prophète-roi était à son poste, et pouvait tout entendre sans être vu.

La première pie obtint la parole et dit :

« À quoi bon se tourmenter pour aller saluer
« des pierres amoncelées par des hommes? Nous
« sommes pour la plupart meilleurs architectes
« qu'eux. Nous pouvons rendre hommage à Dieu
« et l'adorer librement dans nos forêts, dans
« nos campagnes, et cela sans nous déranger. »

Alors la seconde pie déléguée ouvrit le bec, et, en véritable démocrate, ajouta :

« Rien, non, rien ne pourra nous contraindre
« à subir cette humiliation. Ce temple n'est rien
« à nos yeux. Raca! sur lui et sur son construc-
« teur. Nous sommes en état de le souiller, si
« nous voulons. Salomon peut commander sur
« la terre, mais nous avons les airs libres, et sa
« puissance ne pourra nous y atteindre. »

Salomon indigné, se montrant alors, s'écria d'une voix tonnante :

« Volatile insensé! la main que Dieu assiste
« peut emprisonner l'air même ; pour vous le
« prouver et châtier votre insolence, je veux que
« vous restiez jusqu'au dernier jour esclaves de
« ce monument que vous avez l'audace de mé-
« priser. »

À cet ordre, les deux pies, frappées d'immobilité, s'incrustèrent elles-mêmes dans le marbre..., et ce sont les deux pies qu'on voit encore!

Salomon ordonna que l'on surmontât le toit du

temple d'aiguilles d'or, afin que nul oiseau ne pût venir s'y reposer et le souiller. (FLAV. Jos., l. V, ch. XIV.)

En se dirigeant vers le sud, on passe sous la quadruple arcade de la balance, et l'on descend un escalier de vingt et une marches. Plus loin, à l'ombre de vieux cyprès, on remarque un beau bassin, au milieu duquel s'élève un énorme vase soutenu par un piédestal. Au temps d'Israël, l'eau de la *fontaine scellée* arrivait dans ce vase, appelé mer d'airain. (*II Paral.*, IV, 10; *I Paral.*, 18, 8.)

XXVIII

La Mosquée El-Aska.

L'empereur Justinien. — Sept arcades et portiques de marbre. La sainte Vierge et la prophétesse Anne. — Salle d'armes des Templiers. — Le *Mihrab*. — La tombe de deux meurtriers. — Les étudiants musulmans réunis dans la mosquée El-Aska, à l'heure des cours. — Le Coran. — Doctrine de l'islamisme. — Fatalisme. — Triste sort des femmes musulmanes. — La prière, les ablutions, le jeûne du *Ramadan*, le pèlerinage de la Mecque, la dîme, l'essence de la religion mahométane pour chaque musulman. — Les minarets et le muezzin. — Agonie de la nationalité juive. — Bar Givras. — Le spectre royal et les cavernes salomiennes.

A une trentaine de mètres de distance se trouve la mosquée *El-Aska*. C'est une ancienne église chrétienne dédiée à la sainte Vierge, et construite par l'empereur Justinien, qui fut changée en mosquée et reçut le nom qu'elle porte à la fin du septième siècle. Ce nom lui fut donné par un calife qui en fit couvrir les portes d'or et d'argent.

En 1099, elle tomba entre les mains des croisés, qui la reconstruisirent pour honorer la présentation de la sainte Vierge au temple. On y retrouve le gothique uni à l'architecture sarrasine. La mosquée El-Aska est précédée d'un portique à sept arcades correspondant aux sept nefs de la mosquée. Cette immense construction a près de quatre-vingts mètres de longueur. Selon la tradition, la sainte Vierge, ses compagnes et la prophétesse Anne, habitèrent le lieu occupé par ces deux nefs : c'est là aussi que le vieillard Siméon prophétisait.

Au bout de la nef ouest, on voit une grande salle, séparée par deux rangées de piliers supportant les voûtes; c'est l'ancienne salle d'armes des Templiers.

L'autre nef est supportée par des arches au-dessus desquelles se trouvent deux rangées de fenêtres cintrées. Au bout, il y a une belle coupole, ornée de peintures en mosaïques, et soutenue par quatre énormes piliers reliés ensemble par d'autres arceaux plus petits, portés par des colonnes en marbre noir, qu'on prétend tirées des ruines de l'ancienne Jérusalem. A l'extrémité de cette coupole, on voit le *Mihrab*, vers lequel les musulmans se tournent pour faire leur prière.

Sous le porche de la mosquée *El-Aska* est un tombeau curieux : c'est celui des meurtriers de Thomas Becket, archevêque de Cantorbéry. Il paraît que pour expier leur crime, ils auraient été condamnés à faire le pèlerinage de Terre sainte, qu'ils y seraient morts et auraient été ensevelis sous le porche de la nouvelle église de la Présentation, aujourd'hui *El-Aska*.

Dans le chœur, ou grande nef de la mosquée, une chaire élégante est portée par deux colonnes appelées *colonnes d'épreuve*, ou colonnes du paradis, entre lesquelles ne peuvent passer que les seuls prédestinés. Les parois intérieures et assez étroites des deux fûts sont sensiblement usées par les efforts séculaires des pèlerins et des effendis obèses, qui essayent péniblement d'arriver au bonheur éternel.

Les mahométans nomment bienheureux celui qui parvient à y passer, car, après sa mort, il ira directement au ciel. Mais malheur à celui dont la corpulence rend ce passage impossible.

Le frère Liéven nous fait remarquer que le frottement des passants en a enlevé quelques centimètres; il paraît, dit-il, qu'il est plus facile d'entrer au ciel!

A la sortie de la mosquée *El-Aska*, on reprend sa chaussure, puis on visite, près de la porte, à droite, les restes d'une abside provenant de l'église des Templiers.

A l'angle nord de l'esplanade est une chambre souterraine, dans laquelle on descend par un escalier de trente-deux marches, et l'on remarque une niche de pierre, dont la partie supérieure est sculptée en coquille, couchée horizontalement sous un dais soutenu par quatre petites colonnes de marbre.

Au moyen âge, cette chambre était une chapelle appelée le Berceau de Jésus-Christ.

La tradition rapporte que le vieillard Siméon y habita, et que la sainte Vierge, après l'offrande de son divin Fils au temple, resta quelques jours auprès de ce saint vieillard. De nos jours, c'est une petite mosquée : *Saïdnachia* (sanctuaire de Jésus).

En remontant sur l'esplanade du côté nord, on rencontre un petit bois de cactiers, d'où s'élève, en forme de forteresse, la *Porte-d'Or*, ornée de pilastres. Par cette porte, le Sauveur entra le jour de son triomphe; par là aussi l'empereur Héraclius pénétra dans la ville pour porter la vraie croix au Calvaire.

Une vieille tradition, répandue parmi les mahométans, dit qu'un roi franc entrera par cette porte pour prendre possession de la ville sainte. C'est pourquoi ils l'ont murée des deux côtés, et ont transformé l'intérieur en mosquée.

Un escalier permet de monter sur le haut de la *Porte-d'Or*, d'où l'on jouit d'une vue admirable. On domine le *Haram-el-Cherif* et la vallée de Josaphat.

En suivant la même direction, on passe devant une petite mosquée. A travers une grille de fer, on nous montre ce qu'on appelle le trône de Salomon : c'est un cénotaphe (tombeau vide) occupant toute la largeur de la mosquée, et couvert d'une draperie verte. D'après les musulmans, en ce lieu Salomon fut trouvé mort sur son siège.

Notre faible plume ne saurait donner qu'une idée incomplète de cette merveilleuse mosquée d'Omar, unique au monde. Impossible de peindre la majestueuse ordonnance, la splendeur de la lumière sur ses parois, les charmes toujours nouveaux qu'elle présente aux regards. Tamisée et décomposée par de magnifiques vitraux, tantôt ranimée par des tubes de cristal, des mosaïques et les ors des plafonds, tantôt voilée par l'ombre des colonnes de porphyre et des tapis de Perse, cette lumière atteint une intensité d'effet que lui envieraient nos antiques et mystérieuses basiliques. Le soleil d'Orient donne à cette lumière une limpidité et une chaleur de ton, qu'on peut rêver, mais non décrire.

Toute grande mosquée est, de nos jours encore, dans une ville arabe, ce qu'était la cathédrale dans nos villes du moyen âge : un petit cercle religieux et hospitalier, autour duquel se groupent les logements des desservants, les asiles, les écoles. L'enseignement de ces dernières est ordinairement donné dans le temple.

Les étudiants, vêtus du costume ecclésiastique, caftan noir et turban blanc, se réunissent dans la mosquée *El-Aska*, à l'heure des cours.

Accroupis sur leurs genoux, la plume de roseau à la main, et l'écritoire de cuivre passé à la ceinture, ils forment des cercles autour des professeurs, qui ont toujours un Coran ouvert devant eux et lisent une leçon du texte sacré, qu'ils commentent ensuite à leur façon. Tout l'enseignement, nous dit-on, découle ici du Coran, comme chez nous de la Bible. Enfin, les grandes divisions de la scolastique y sont conservées : droit canon, droit civil, grammaire, mathématiques. L'islamisme se borne, pour le dogme, à la croyance à un Dieu unique, à l'immortalité de l'âme, à la rémunération future et à l'inspiration de Mahomet. Tout ce qui reste en dehors de ces articles de foi et dépasse les bornes de la raison musulmane, est laissé à la libre croyance des fidèles.

Le Coran professe la doctrine du fatalisme que les musulmans appellent *kymet* (destinée). Ils sont persuadés que tout ce qui leur arrive, le mal comme le bien, est fixé d'avance d'une manière invariable. Cette désolante doctrine ôte à l'homme presque toute sa liberté.

L'auteur du Coran n'a point compris le rôle de la femme dans la famille et la société. Il l'a avilie en permettant la polygamie à ses adeptes, et en donnant à ceux-ci droit de vie et de mort sur les infortunées qui peuplent le harem. Le sort de la femme musulmane n'est pas meilleur que celui de la femme dans l'antiquité païenne. Elle n'est soumise à aucune prescription religieuse : sans protection elle est le jouet de tous les caprices du maître. Ces pauvres musulmanes sont reléguées dans un coin de la maison, cachées à tout regard étranger, où elles vivent dans l'oisiveté et l'ignorance la plus profonde. Elles sont soustraites à toutes les relations sociales et rigoureusement surveillées. Aussi, quand une musulmane veut sortir, est-elle obligée de s'envelopper de la tête aux pieds dans une espèce de linceul. Elle n'est autorisée à se dévoiler que dans sa maison ; il ne lui est permis de regarder dans la rue qu'à travers les fenêtres grillées, et elle doit voir sans être vue.

Enfin les ablutions forment, avec la prière et

le jeûne du *Ramadan*, le pèlerinage de la Mecque et la dîme, le fond de la pratique de la religion mahométane. Les ablutions firent partie, de tout temps, en Orient, des prescriptions religieuses. Mahomet les emprunta aux Juifs. Sans doute un motif d'hygiène l'y engagea, comme aussi de défendre certaines viandes et certaines liqueurs fermentées.

Devant chaque mosquée s'élève une fontaine, dont l'eau, coulant dans un bassin, rafraîchit l'air embrasé. C'est un grand bienfait. Avant d'entrer dans la mosquée, chaque croyant s'approche de la fontaine, relève les manches de son vêtement, et procède aux ablutions. Les uns commencent par le petit doigt, les autres par le coude.

Après le petit doigt, l'Arabe continue ce bain salutaire : il se lave les bras, puis les jambes et les pieds; ce qui n'empêche pas ses voisins de se purifier, dans la même eau, la tête et le visage! Les ablutions terminées, le croyant dépose ses babouches à la porte de la mosquée, puis va se joindre au reste du troupeau fidèle et prier avec lui. Cinq fois par jour, du haut du minaret de chaque mosquée, la voix du *muezzin* retentit; il jette aux quatre vents un appel à la prière : « *Allah! il Allah!* » Dieu est grand!

Les musulmans qui ne peuvent se rendre à la mosquée s'arrêtent dans leur travail à la voix qui descend du minaret; ils étendent leur manteau sur la terre, et tournés vers la Mecque (le soleil) ils se prosternent le visage contre terre et font en particulier leur prière, en quelque lieu qu'ils se trouvent et quels que soient ceux qui les observent.

Ne font-ils pas honte à tant de chrétiens qui rougissent d'accomplir les obligations de leur religion sainte, tandis que les malheureux mahométans affichent hautement le culte qu'ils professent.

Il est intéressant de lire, dans Flavius Josèphe, le récit de l'agonie de la nationalité juive expirant dans le temple, aujourd'hui mosquée, que nous avons essayé de décrire. Derrière l'autel du temple une poignée de sectaires brava les menaces de Titus, et opposa au colosse romain la plus héroïque défense dont l'histoire fasse mention.

Tacite dit que « leur audace était plus grande que leur nombre, et qu'ils redoutaient plus de vivre que de mourir. »

Flavius Josèphe nous montre les péripéties de cette résistance acharnée, comment, cédant pied à pied la haute ville, la tour Antonia, l'enceinte du Haram, dont les remparts les avaient protégés, les portiques et les galeries du temple, les derniers combattants vinrent se faire écraser sur le *Saint des Saints*, sur cette pierre du *Sakhrah*, où avait ruisselé le sang de tant d'autres holocaustes; comment la torche d'un légionnaire, jetée sur les lambris de cèdre, réduisit en cendre ce monument vénérable qui ne doit plus se relever.

L'un de ses derniers survivants, le chef Bar-Givras, essaya d'échapper à ses ennemis en les terrifiant par une apparition de fantôme : s'étant enveloppé de draperies blanches et revêtu d'un manteau de pourpre, il surgit brusquement par un des soupiraux des galeries sur la plate-forme du *Haram*, aux yeux des Romains épouvantés. Ce spectre royal sortant des cavernes Salomiennes et revenant errer dans les cendres du temple détruit, c'était tout ce qui restait de la nation de David.

Nous retournons vers la grille, quelques pas plus loin au nord, et nous sortons par la porte du Haram-el-Cherif, la merveilleuse mosquée d'Omar.

XXIX

Promenade autour des murs de Jérusalem.

Le camp des croisés. — Position de Godefroy de Bouillon. — Tancrède. — Le faubourg de Bezetha. — Alexandre Jannée. — La grotte de Jérémie. — Les lamentations. — Un santon musulman.

Que le temps fuit vite dans cette Jérusalem qui a ses désolations et ses tristesses, mais qui a aussi ses consolations et ses joies.

Les pèlerins de la Picardie devant partir deux jours plus tard que ceux de la Guadeloupe, nous mettons à profit les heures précieuses qui nous restent pour visiter, avec notre groupe de la *Casa-Nova*, tout le plateau rocheux qui domine Jérusalem au nord et y forme une vaste nécropole.

La ville sainte, groupée autour d'un tombeau, règne en souveraine sur la banlieue de Jérusalem comme le divin Ressuscité règne sur le monde. Ce sépulcre où Jésus a dompté la mort n'est-il pas comme un trône où le roi des rois a montré sa puissance et prouvé aux siècles à venir qu'il était vraiment Dieu?

L'érudit frère Liéven, qui nous a donné tant de preuves d'un charitable dévouement, veut bien nous accompagner dans cette intéressante excursion. Depuis plus de vingt ans ce bon frère étudie avec passion chaque recoin de Jérusalem, et il s'est acquis une érudition archéologique remarquable, qu'il met libéralement au service de tous les pèlerins.

Nous sortons par la porte de Saint-Étienne. En longeant le fossé de la ville, taillé dans le roc vif, nous arrivons, au bout de dix minutes de marche, à l'angle est de Jérusalem.

Le frère Liéven nous arrête et nous montre la place où Godefroy de Bouillon pénétra le premier dans la ville. Le camp des croisés s'étendait au delà de la grotte de Jérémie, sur l'emplacement de Bezetha. Tancrède était plus au couchant, et le comte Raymond avait planté son drapeau sur le mont Sion.

Nous traversons le vaste emplacement qu'occupait jadis le faubourg de Bezetha, et nous arrivons presqu'en face de la porte de Damas, près d'un monticule qui renferme le tombeau du roi *Alexandre Jannée* et la *grotte de Jérémie*. D'après la tradition, c'est là que ce prophète composa ses *Lamentations* (600 ans avant J.-C.) Cette grotte est gardée par un derviche, qui exige un *bachiche* de chaque visiteur. A l'entrée de la grotte on remarque les tombeaux de quelques derviches en grande vénération parmi les musulmans.

La grotte de Jérémie, proprement dite, a 70 pieds de longueur et environ 40 de hauteur; elle forme une voûte naturelle.

C'est à Jérusalem qu'il faut lire ces chants de la douleur : il semble qu'on entend cette voix tour à tour plaintive, suppliante et terrible, sortir de ces ruines et raconter tous les malheurs de Sion :

« Le Seigneur a assouvi sa fureur ; il a répandu l'ardeur de sa colère et allumé dans Sion un feu qui en a dévoré les fondements. (*Jérémie*, XXXVIII ; *Lamentations*, IV, 11.)

Jérémie avait prédit les malheurs de Jérusalem : comme ses paroles ne plaisaient pas aux Juifs, ils se saisirent de lui, ils le mirent quatre fois en prison et voulurent le faire mourir. Un jour, ils le descendirent avec des cordes dans une citerne, où il était dans la boue jusqu'au cou. (*Jérémie*, 18-19.)

Aujourd'hui un santon musulman habite cette grotte de Jérémie, avec son âne, comme Balaam; ce nouveau faux prophète remplace les élégies du voyant par les psalmodies nasillardes de la prière musulmane.

XXX

Cavernes royales

La troisième enceinte de Jérusalem, ses limites au temps de Titus, d'après Flavius Josèphe. — Respect des Juifs pour la sépulture des morts.

En avançant vers l'ouest, le frère Liéven nous fait remarquer, à fleur de terre, une petite ouverture par où on peut pénétrer dans les cavernes royales, mentionnées par Flavius Josèphe (G., l. V, 13,) quand cet historien juif trace le parcourt de la troisième enceinte et assigne ici les limites de la ville au temps de Titus.

Ces cavernes ne sont qu'une grande carrière d'où l'on a extrait des pierres pour les constructions antiques. Dans l'ancien Orient, deux villes jumelles, l'une des vivants, l'autre des morts, gardaient une proportion constante; chaque maison nouvelle qui s'élevait sur le sol laissait une place correspondante dans la cité souterraine. C'est d'elle que parlait l'*Ecclésiaste*, quand il disait : « L'homme ira dans la maison de son éternité. »

Les Juifs ont professé de tout temps un grand respect pour la sépulture des morts. Rendre des honneurs funèbres à son père, était réputé comme le premier devoir de la piété filiale.

XXXI

Tombeau des Juges

Deux chambres funéraires. — Niches destinées aux membres du Sanhédrin. — Vestibule à fronton magnifique. — Loges funéraires superposées.

Des chambres funéraires extrêmement remarquables sont ce qu'on appelle *Tombeaux des Juges,* quoique selon toute probabilité ils n'ont jamais renfermé leurs cendres, puisque nous trouvons dans l'Écriture sainte que, sur les quinze juges d'Israël, huit ont été ensevelis dans leurs tribus. Nous ne connaissons pas les tombeaux des autres ; et il est évident que le monument qui nous occupe est de haute antiquité. Il est bien conservé, et le frère Liéven nous y fait remarquer des niches nombreuses. Quelques auteurs pensent, nous dit-il, que ces tombeaux étaient destinés aux membres du Sanhédrin.

Le monument, tout taillé dans le roc vif, se distingue des tombeaux environnants par son beau vestibule. Il présente un magnifique fronton, dont le tympan est orné de très élégants *ressauts* de feuillages, de fleurs et de fruits, mais sans symétrie aucune. De belles moulures encadrent la porte et le tympan. Dans le fond du vestibule et au centre de la paroi, s'ouvre une porte couronnée d'un feuillage symétrique et élégant. Après avoir franchi cette porte, on se trouve dans une salle sépulcrale carrée. Sur la paroi gauche sont placées deux rangées superposées de loges funéraires. Elles sont trop étroites pour avoir contenu des sarcophages ; on suppose que les corps y ont été déposés, enveloppés simplement d'un linceul.

Ensevelir les morts était une pratique religieuse à laquelle les hommes pieux se dévouaient même au péril de leur vie, comme on le voit par l'exemple de Tobie. Jamais on ne refusait un sépulcre, pas même à un étranger, tué les armes à la main. La privation de la sépulture était un opprobre ; aussi les prophètes menaçaient-ils les méchants comme d'un châtiment affreux d'être laissés sans sépulture après leur mort, ou d'avoir leurs tombes profanées et leurs ossements dispersés. (*Jérémie*, VIII, 2.)

XXXII

Tombeau des Rois

Somptueux monument Bézétha. — Grottes royales, désignées par Flavius Josèphe. — Tombeau taillé dans le roc. — Antique citerne. — Vestibule. — Frise sculptée. — Chambres sépulcrales. — Sarcophages ciselés. — M. de Saulcy. — Le squelette d'une reine. — Le chemin de Damas. — Alexandre et le grand prêtre Jaddus. — Tombeau de Simon le Juste.

Nous nous dirigeons au nord, en suivant la grande route, qui longe la porte de Damas, voie romaine, et nous arrivons à un monument grand et somptueux, c'est le *Tombeau des Rois*, situé à l'extrémité de Bézétha, près de la vallée de Josaphat (*voir le livre des Juges, les Paralipomènes et le Ier livre des Rois.*) Flavius Josèphe lui donne le nom de *Grottes royales*, et les Arabes l'appellent *Kubur-el-Maluk*. Ce monument, taillé dans le roc, avait jadis des portes de pierre, dont on voit encore les vestiges.

En descendant un escalier de vingt-deux marches, également taillé dans le roc, on arrive à une porte en plein cintre, pratiquée dans le rocher. Puis on pénètre dans une cour de vingt-sept mètres carrés, au fond de laquelle on remarque une antique citerne. Dans la paroi ouest s'ouvre un large vestibule, qui jadis était soutenu par deux colonnes prises dans le roc même et deux piliers faisant corps avec la muraille du rocher. Au-dessus du vestibule court une longue frise sculptée avec une délicatesse et un goût exquis.

Le frère Liéven appelle notre attention sur le centre de la frise, où se trouve une grappe de raisin, l'emblème de la Terre Promise et le type habituel des monnaies asmoniennes. A l'entrée des sépulcres se trouve une grande porte taillée dans le rocher; une riche guirlande de feuillages et de fruits la surmonte et retombe de chaque côté. Ce travail est d'une grande beauté.

Nous pénétrons avec difficulté dans les chambres sépulcrales dont les portes sont encombrées de débris. L'entrée des caveaux est une ouverture ayant près d'un mètre de haut, percée dans le mur sud du vestibule.

Cette ouverture se fermait autrefois par une espèce de porte de pierre en forme de meule, placée encore dans un étroit couloir à l'est. Par un mouvement du levier, elle roulait et allait se loger dans une concavité à l'ouest de l'ouverture, de sorte que prise des deux côtés elle fermait le monument. Devant cette porte, aujourd'hui toujours ouverte, se trouve un autre couloir qui communique avec un bassin taillé dans le roc; des savants pensent qu'on y faisait les dernières cérémonies funèbres. Tout d'abord nous pénétrons dans une chambre de dix-huit pieds carrés, suivie de six autres plus petites. Ces chambres renferment des sarcophages en pierre, ornés de ciselures remarquables ; leurs couvercles brisés gisent alentour. M. de Saulcy a découvert une de ces chambres dans laquelle il a trouvé un sarcophage renfermant le squelette d'une reine. Ce sarcophage a été transporté au Louvre. On ne peut dire avec certitude quels sont les rois qui ont été ensevelis dans ces tombeaux. L'*Écriture Sainte* nous fait connaître les lieux de sépulture de tous les rois de Juda, jusqu'à la captivité de Babylone ; nous connaissons aussi par Flavius Josèphe et les livres des Machabées, les tombeaux de plusieurs rois, de sorte qu'il est hors de doute que ces chambres funéraires n'ont pu servir qu'à des princes de la famille d'Hérode. Cependant, à l'occasion du roi lépreux Osias, nous voyons qu'il y avait un champ qui servait quelquefois aux sépultures royales. En quittant ce monument nous retournons sur nos pas jusqu'à la *colline des Cendres*. Le chemin de Damas, qui passe près du *tombeau des Rois*, conduit sur une hauteur appelée en grec *Scopos*, parce que la vue y est très étendue. Ce lieu est célèbre par la rencontre d'Alexandre et du grand prêtre Jaddus.

Alexandre, irrité, marchait contre Jérusalem ; Jaddus vint au-devant de lui. Le nom de Dieu, en lettres d'or, brillait sur sa tiare. Le roi de Macédoine, frappé d'une vision qu'il avait eue, se prosterne, l'embrasse et se rend au temple offrir des sacrifices à Dieu. (Flav. Jos., *Antiquités*, l. XI, ch. viii.)

Gestius et Titus s'arrêtèrent tous les deux sur cette colline, qui est à sept stades de la ville, quand ils vinrent assiéger Jérusalem.

A quelques pas du *tombeau des Rois* et sur le bord de la vallée on trouve plusieurs autres sépulcres, parmi lesquels les Juifs vénèrent celui de *Simon le Juste*, qui est fort remarquable ; les rochers qui le surplombent sont en partie affaissés. Nous arrivons ensuite à la muraille de la ville, dont l'angle nord-ouest repose sur les soubassements de la fameuse tour de *Psephinos*, construite par Hérode le Grand. C'est à deux stades de cette tour que Titus dressa sa tente (Flav. Jos., *Ant.*, l. X, 1.) et que Tancrède campa au siège de Jérusalem en 1099. (Guillaume de Tyr, l. VIII, 5.)

En continuant notre excursion au-delà de la porte de Damas, vers l'est, nous passons devant l'antique *Porte-d'Or*, aujourd'hui murée. A l'angle est se trouve l'étang *Birkel-el-Hivicheh*, qui est en communication avec le réservoir extérieur de la porte de Saint-Étienne.

XXXIII

Vallée de Josaphat.

Le prophète Joël. — Le jugement dernier. — Monuments funèbres de l'ancienne Israël. — La vallée des Larmes. — L'ambition des Juifs de reposer dans la terre de leurs pères. — Les Mahométans s'arrogent le côté droit de la vallée de Josaphat. — Les tombeaux de saint Jacques, de Zacharie et de Josaphat.

Nous arrivons dans la vallée où, d'après le prophète Joël et l'opinion commune, aura lieu le jugement dernier.

Nous nous trouvons dans le pays des tombes. Ce n'est plus l'ancienne métropole déserte et souterraine des plateaux du nord, que nous venons de quitter; c'est le domaine de la mort présente et à fleur de terre.

Pourtant au milieu des pierres juives qui envahissent le lit du Cédron, quelques monuments funèbres de l'ancienne Israël submergent çà et là.

Aucun lieu de la terre n'évoque de plus solennelles pensées; c'est la vallée des larmes, du recueillement et de la mort. Rien d'animé ne distrait celui qui vient méditer dans cette triste solitude. Une ville ensevelie sous ses malheurs, un torrent sans eau, partout des monuments funèbres, des rochers nus, quelques arbres sans verdure, des montagnes arides, des tombes brisées, le souvenir des martys et des prophètes, l'agonie du Fils de Dieu et la pensée de sa venue à la fin des siècles pour juger tous les hommes! Voilà qui saisit l'âme et la remplit d'émotion et d'effroi !

Le frère Liéven nous dit que la vallée de Josaphat, sillonnée par le Cédron, n'a qu'une largeur de cent mètres; sa longueur est d'environ trois kilomètres.

C'est pour avoir ce petit coin de terre de la vallée que des centaines de Juifs quittent chaque année le pays lointain où le souffle de Dieu les a jetés, afin de reposer dans la terre de leurs pères.

Les mahométans tiennent le côté opposé, tout près du lieu où doit venir le prophète pour juger tous les hommes : ils ont pris la droite de la vallée pour être plus sûrs de l'avoir au dernier jugement.

La vallée de Josaphat commence au tombeau des Juges et finit à la *mer Morte* en prenant le nom de *vallée de Moines* à Saint-Sabas, et de *vallée de feu* dans sa dernière partie. On l'appelle aussi *vallée de Cédron*, c'est-à-dire obscurité, tristesse.

On sait que le mot Josaphat signifie *Jugement* en hébreu ; en prenant le mot à la lettre, en quelque lieu que se tiennent ces grandes assises du genre humain, ce sera toujours dans la vallée de Josaphat, c'est-à-dire du jugement.

Mais que ceux qui trouvent la vallée de Josaphat trop étroite se rassurent : le prophète Joël a pu la désigner, sans fixer de limites aux innombrables phalanges qui y seront convoquées, quand il dit : « Que les nations se lèvent et montent vers la vallée de Josaphat, parce que j'y serai assis pour juger les peuples. » (*Joël*, III, 12.)

Dans l'après-midi, nous revenons dans la vallée de Josaphat, où nous visitons le tombeau d'Absalon, de saint Jacques, de Zacharie et de Josaphat. Ces quatre monuments se trouvent près du torrent du Cédron. On ignore pourquoi ce dernier et la vallée portent le nom de Josaphat. Ce roi a été enseveli avec ses pères dans la ville de David.

XXXIV

Tombeau d'Absalon. — Torrent du Cédron.

Le tombeau du mauvais fils. — Exécration séculaire. — David. — Le lit du Cédron. — Le Sauveur. — Tombeau de saint Jacques le Mineur, premier évêque de Jérusalem.

Nous passons près du tombeau d'Absalon, que ce prince s'était érigé lui-même de son vivant.

Absalon avait dit : « Je n'ai point de fils, ce sera le moyen de perpétuer le souvenir de mon nom. » (*II Rois*, xv.)

Il est orné de quatre pilastres, et surmonté d'une maçonnerie arrondie, couronné d'un bouquet de palmes. Cette construction singulière a quatre ouvertures sur chaque face. Sa hauteur a seize mètres environ, sa base a disparu sous un monceau de pierres, car depuis des siècles ce tombeau est devenu l'objet de l'exécration universelle.

La vallée du Cédron commence près du *tombeau des Juges*, à une hauteur de 2,600 pieds au-dessus du niveau de la Méditerranée.

Le Cédron est presque toujours desséché; aucune source ne coule dans son lit pierreux; en hiver, il recueille les eaux des pluies, et les roule vers la mer Morte, à travers de sauvages vallées.

David obligé de fuir la rébellion d'un fils dénaturé, traversa le Cédron en pleurant, les pieds nus et la tête voilée, pour se cacher au désert avec un petit nombre de serviteurs fidèles. (*II Rois*, xv, 16.) Aussi depuis trois mille ans, les Juifs, Turcs ou Arabes qui passent dans cette vallée, prennent une pierre dans le torrent et la jettent contre le tombeau d'Absalon, en maudissant sa mémoire.

Les Juifs lapidaient, sans autre jugement que celui qu'ils appelaient jugement de zèle, les blasphémateurs et les fils rebelles. C'est sans doute de là qu'est venue la coutume de lapider le tombeau d'Absalon.

Le Sauveur a traversé un grand nombre de fois le Cédron, pour aller au Jourdain, à Jéricho, à Béthanie, et pour aller prier sur la montagne des Oliviers; il l'a traversé, entre autres, le jour où il a fait son entrée triomphale à Jérusalem, et, pour la dernière fois, quand il a été arrêté à Gethsémani.

En sortant de Jérusalem, pour se rendre dans la vallée de Josaphat, on passe par la porte de Saint-Étienne.

C'est en ce lieu que les Juifs traînèrent le saint martyr, qui leur reprochait la dureté de leur cœur, et ils le lapidèrent. (*Actes*, vii.)

On montre le rocher sur lequel Étienne tomba en priant pour ses bourreaux, et le lieu où ceux-ci mirent leurs vêtements aux pieds d'un jeune homme nommé Saul.

Nous visitons ensuite le tombeau de saint Jacques le Mineur, premier évêque de Jérusalem. Le peuple juif, excité par le grand prêtre, le fit périr en le précipitant du haut du temple. Il fut enseveli dans ce monument l'an 66 de notre ère. — Au-dessus de ce tombeau se trouvait, aux premiers siècles du christianisme, une chapelle d'où l'on descendait du sanctuaire par un escalier taillé dans le roc. On en voit encore les traces. Le monument funèbre de saint Jacques touche du côté sud à celui de Zacharie.

Le tombeau est monolithe, carré et taillé dans le roc ; c'est-à-dire qu'en creusant tout autour, on détacha cette masse du rocher, ensuite on donna à la masse une forme carrée, en lui laissant, comme ornement, sur chacune de ses quatre faces, deux demi-colonnes et deux pilastres, et en dessus des chapiteaux se trouve une architrave, surmontée d'une corniche.

XXXV

Siloë.

Village turc. — Le mont du Scandale. — Fontaine de Siloë. — Source intermittente. — La piscine de Siloë. — L'aveuglené. — Saint-Sauveur Illuminateur. — Vénération des juifs et musulmans pour la fontaine de Siloë. — Saladin et le fleuve du paradis. — Martyre et sépulture d'Isaïe, près la fontaine de Rogel. — Bir-Ayoub (le puits de Job). — Le feu sacré du temple caché dans le puits de Rogel pendant la captivité de Babylone. — La vallée des fils d'Hannon. — Jérémie et le vase d'argile. — Moloch, retraite des Apôtres.

Zacharie fils de Josiade, grand prêtre, vit avec douleur le peuple s'abandonner à l'idolâtrie : plein de zèle pour la gloire de Dieu, il se rendit au temple et exhorta les Israélites à ne pas abandonner le vrai Dieu.

Au lieu de l'écouter ils le lapidèrent dans le vestibule du temple, l'an 864 av. J.-C. (*II Paral.*, xxxiv, 21.)

En quittant le tombeau de Zacharie, nous remarquons à gauche Siloé (Silouan), village turc, situé sur le versant du *Mont du Scandale*, ainsi appelé parce que Salomon scandalisa le peuple en construisant sur ce mont des temples aux idoles de ses femmes. (*III. Rois*, xi, 31.)

Il reste encore un de ces temples entièrement intact, situé au nord, près de Siloé, sur un rocher à pic ; il est monolithe, tout taillé dans le roc.

En continuant notre route, cent mètres plus

loin, nous rencontrons la fontaine de Siloë. Elle est située au pied du mont Ophel. Un escalier de dix-sept marches conduit sur un pallier d'où on descend par un autre escalier à la source qui se trouve sur la dernière marche. Cette source est intermittente. L'eau est légèrement saumâtre, bien que Flavius Josèphe (*G. I. VI, 3*) dise qu'elle est douce et agréable au goût.

Nous arrivons ensuite à la piscine de Siloë qui vient se joindre à la vallée de Josaphat. C'est à la piscine de Siloë que le Sauveur guérit l'aveugle-né. Les pèlerins aiment à s'y laver les yeux. Le frère Liéven nous dit qu'aux premiers siècles de l'Église on venait s'y baigner pour obtenir la guérison de toutes sortes de maladies; on y construisit une église dédiée au *Saint-Sauveur Illuminateur*. Ce bassin, enfermé dans l'église, était entouré d'une balustrade et divisé en deux parties, réservées l'une aux femmes, l'autre aux hommes. L'eau s'écoulait dans un bassin extérieur, l'étang de Salomon, situé devant la porte de la basilique.

Les Juifs et les musulmans tiennent en grande vénération la fontaine de Siloë. Saladin la comparait au fleuve du paradis.

Les mahométans avaient construit une mosquée près de la piscine.

A quelque distance de là se trouve un petit tertre qui sert de lieu de prière aux musulmans, et où fut martyrisé le plus éloquent des prophètes. Il avait dit au roi et au peuple :

« Vos mains sont souillées de sang et vos
« doigts d'iniquités. Malheur à l'homme par celui
« qui l'a formé! L'argile dit-elle au potier : Que
« faites-vous? Nulle paix pour les impies, dit
« mon Dieu. » (*Isaïe*, XXIX, 16.)

Le saint prophète reçut le prix de son courage, et fut scié en deux, dans la vallée de Cédron. Son corps fut enseveli sous un chêne, près de la fontaine de Rogel. (ORIGÈNE, XXIII.) Selon la tradition des Juifs et des chrétiens, Isaïe a été mis à mort au commencement du règne de Manassée. (ORIGÈNE, XXIII.)

Nous passons près du *puits de Job*, appelé par les indigènes *Bir-Ayoub*.

Quelques auteurs croient que c'est dans le puits de Rogel que les Israélites, avant de partir pour la captivité de Babylone, cachèrent par ordre du prophète Jérémie le feu sacré du temple. Après leur retour, soixante-dix ans plus tard, Néhémie envoya les enfants des prêtres qui avaient caché le feu, pour le chercher, mais ils n'y trouvèrent que de l'eau bourbeuse. Alors le prêtre Néhémie commanda d'en puiser et d'en faire des aspersions sur le bois et sur les sacrifices, ce qui, ayant été accompli, le soleil, caché auparavant par un nuage, reparut, et un grand feu s'alluma soudain. Néhémie ordonna ensuite de répandre ce qui restait de cette eau sur les grandes pierres. Aussitôt qu'on eut exécuté cet ordre, une flamme brilla, mais elle fut éclipsée par la lumière qui inondait l'autel.

— Lorsque le roi de Perse se fut convaincu de ce prodige, il fit environner ce feu d'une enceinte, et Néhémie l'appela *Nephar* (purification) (*II Machab.*, 1, 36.)

Le puits de Royel a 29 mètres de profondeur; il est bâti avec de grosses pierres qui paraissent fort anciennes.

Le frère Liéven croit que ce puits n'a pas de source; l'eau y entre avec abondance par suintement; quand les pluies sont considérables, l'eau sort par dessus et forme un beau ruisseau auquel le Cédron sert de lit. Cette abondance d'eau est, pour les indigènes, l'indice d'une bonne récolte, et les habitants de Jérusalem et de Siloë célèbrent à cette occasion une fête de plusieurs jours.

A l'arrivée des croisés en Terre sainte, les musulmans cachèrent ce puits.

En 1185, une grande sécheresse désola le pays; un homme charitable, nommé Germain, possédait plusieurs grandes citernes d'où il faisait porter de l'eau en ville, dans trois différents bassins, et permettait aux pauvres d'y puiser. Mais, pendant cette année de sécheresse, les citernes mal pourvues se vidèrent et, à sa vive peine, il ne put continuer d'exercer sa charité. Germain se souvint d'avoir entendu dire à un vieillard, que non loin de la fontaine de Siloë, se trouvait un puits, creusé par Job. Il fit faire des recherches fructueuses, fit restaurer le puits, et surmonter d'une roue avec chapelet hydraulique, et continua son œuvre de bienfaisance. Dès que les croisés apprirent que Saladin venait assiéger la ville sainte, ils cachèrent à leur tour le puits de Job ou fontaine de Royel. (*Continuateur de* Guillaume de Tyr, p. 10.)

Nous retournons sur nos pas pendant 150 mètres, pour prendre un sentier qui longe la rive droite d'une gorge profonde : la vallée du Fils d'Hémon qui sépare la tribu de Judas de celle de Benjamin. (*Josué*, xvi, 8.)

C'est dans cette vallée que les Israélites avaient leur idole de Moloch, qu'ils adoraient en lui offrant toutes sortes d'holocaustes, même des victimes humaines. — Manassée, roi de Juda, fit passer aussi ses fils par le feu de Moloch. (*II Paral.*, xxxiii, 6.)

Cette vallée est encore appelée *vallée du Carnage* ou *de Gehenne*. Le prophète Jérémie s'y rendit par ordre de Dieu, portant un vase de terre cuite et accompagné des anciens du peuple et des prêtres. Il brisa son vase en disant : « Voici ce « que dit le Seigneur des armées : Je briserai ce « peuple et cette ville comme ce vase de terre « est brisé et ne peut être rétabli. (*Jérémie*, xix, 11 et 14.) Ce fut le roi Josias qui mit fin aux barbares sacrifices qu'on offrait à Moloch. (*IV Rois*, xxii, 10.)

Nous visitons ensuite un monument taillé dans la roche vive, appelé : Retraite des Apôtres, parce que, selon la tradition, plusieurs apôtres vinrent s'y réfugier après l'arrestation de Jésus-Christ au Jardin des Oliviers. (Quarésmius, t. II,

p. 283.) A peu de distance de là, Pompée établit son camp ; plus tard, Titus y fit passer le mur de circonvallation par lequel il renferma les Juifs. (FLAV. Jos., *G*. l. V, 21.) Nous passons près du *Mont du mauvais Conseil*, où Judas vint se pendre après l'accomplissement de sa trahison.

XXXVI

Haceldama.

Le champ du sang. — Débris de poteries. — Un témoignage en faveur du texte sacré. — Sainte Hélène et le *Campo Sancto* de Rome. — L'arrêt du Sanhédrin. — La sépulture des étrangers. — *Le Charnier de Chaudenar*. — Haceldama et les chevaliers de Saint-Jean. — Petit édifice carré datant des croisés.

Nous gravissons des bancs de rocher pour arriver à *Haceldama*, le champ du sang, situé sur la pente de la colline. C'est le seul endroit autour de Jérusalem où se trouve une argile blanchâtre propre à la poterie, et dont on se sert encore aujourd'hui. En remuant un peu le sol, on découvre une quantité de fragments de poterie. La terre porte encore un témoignage en faveur du texte évangélique, où il est dit, en parlant des princes des prêtres : « Après avoir délibéré, ils en achetèrent « le champ d'un potier pour la sépulture des « étrangers. » (*S. Matthieu*, XXVI, 7.)

Sainte Hélène fit transporter plusieurs vaisseaux de cette terre, au *Campo Sancto*, à Rome, et entourer le champ de Haceldama d'un mur (Quaresmius, t. II, p. 284.

L'histoire a exécuté avec une fidélité scrupuleuse l'arrêté du Sanhédrin. Quand nos croisés assiégèrent Jérusalem, ils firent du champ réprouvé leur cimetière, qu'ils appelèrent le *Charnier de Chaudenar*.

Au temps des croisades, Haceldama appartenait aux chevaliers de Saint-Jean ; ils y ensevelissaient les pèlerins qui mouraient à Jérusalem. Jadis il y avait une église.

Il reste des constructions des croisés un édifice carré, sous un toit en terrasse, entre les quatre murs en ruines, et qui renferme encore beaucoup d'ossements.

XXXVII

Tombeau de la sainte Vierge.

Mont des Oliviers. — Le sépulcre de la sainte Vierge creusé dans le roc. — Grande église, portique en style gothique. — Tombeaux de saint Joseph, de sainte Anne et de Joachim. — L'église souterraine érigée par sainte Hélène et Constantin. — L'impératrice Pulchérie et Juvénal, évêque de Jérusalem. — La reine Mélissente. — Dévotion des musulmans pour la sainte Vierge. — Jeanne de Naples. Le sultan d'Égypte et les Pères franciscains. — Intrigues des Grecs pour leur arracher le tombeau de la mère de Dieu.

En descendant dans la vallée, nous passons sous un pont de pierre d'une seule arche, jeté sur le torrent, et nous arrivons au pied de la montagne des Oliviers.

A quelques pas à gauche, est l'entrée de l'église souterraine, qui renferme le tombeau de la sainte Vierge.

C'est dans cette église que la sainte Vierge avait été ensevelie ; mais Dieu n'a pas voulu que cette demeure de la mort gardât le corps qui avait été la demeure de la vie, celle qui, n'ayant point connu l'atteinte du péché, ne devait point passer par la décomposition du tombeau. C'est là qu'a eu lieu sa glorieuse Assomption, et d'où elle est allée prendre place auprès de son Fils dans le ciel.

Le sépulcre de la sainte Vierge, comme celui du Sauveur, a été creusé dans le rocher.

On a taillé tout autour, ne respectant que la masse qui renfermait le monument saint, et on obtint ainsi un édicule isolé, qui est devenu le centre d'une grande église. Le portique est de style gothique. On y descend par un large et superbe escalier de marbre de 47 marches, le long duquel on vénère, à droite et à gauche, les tombeaux de saint Joseph, de sainte Anne et de saint Joachim.

Nous baisons avec joie le marbre blanc qui recouvre le tombeau de la Mère de Dieu. L'église souterraine a la forme d'une croix latine. Elle a 39 mètres de longueur sur 7 de largeur. Le jour n'y pénètre que par une ouverture pratiquée dans la voûte du côté de la montagne, et par l'escalier. Le tombeau de la sainte Vierge, celui de sainte Anne et de saint Joachim, appartenaient autrefois aux catholiques, mais ils leur ont été enlevés par les Grecs schismatiques. (Mareti, *Viergy. abb. Spulcre*, 1760.) Ces derniers officient sur la table de marbre placée sur le tombeau et qui sert d'autel. Autrefois les catholiques avaient le bonheur d'y célébrer les saints mystères. S'ils peuvent y pénétrer aujourd'hui, c'est grâce à un firman, obtenu en 1852; encore sont-ils obligés de n'y aller qu'après les grecs et les arméniens, et d'enlever après la célébration de la messe tous les objets qui ont servi au culte.

Ainsi à cause des empiètements des schismatiques et de la vénalité des représentants de l'autorité musulmane, toutes les sectes chrétiennes possèdent un autel propre dans cette église. grecs, arméniens, abyssiniens, jacobites, mahométans même, y ont un lieu de prière.

Les catholiques seuls en sont pour ainsi dire exclus, quoique les *Chartes des Capitulations* attestent que ce lieu de pèlerinage est la propriété des Francs.

On attribue la première fondation de l'église de l'Assomption de la sainte Vierge à sainte Hélène et à Constantin.

Le frère Liéven nous raconta que l'impératrice Pulchérie, croyant que le corps de la sainte Vierge reposait encore au tombeau, en demanda des reliques à Juvénal, évêque de Jérusalem.

Bien que l'église qui s'élevait au-dessus du saint tombeau fût déjà dédiée à l'Assomption, Juvénal lui envoya les vêtements qu'on y avait trouvés. En 614 l'église fut saccagée par les troupes de Chosroès II. (MATTHAUS-PARISS, p. 352.)

Le calife Omar, s'étant emparé de Jérusalem en 636, respecta cette église et s'y rendit deux fois le jour pour faire sa prière. (MEDSSHRAEDDIN, p. 162.)

Godefroy de Bouillon remit en honneur ce sanctuaire qui, du reste, n'avait jamais été abandonné par les fidèles, et il établit au tombeau de la sainte Vierge un couvent de Bénédictins qu'il dota richement. (GUILLAUME DE TYR. XVIII, p. 32. l. IX, p. 9.) Toute la vallée de Josaphat appartenait à cette abbaye. La reine Mélissente, femme de Baudouin III et régente du royaume, rétablit et agrandit ce temple vers le milieu de la domination chrétienne. Elle y fut ensevelie sous un mausolée de marbre blanc enfermé par des portes de fer. Près de son tombeau se trouvait un autel où l'on offrait chaque jour le sacrifice de la messe pour le repos de son âme. (GUILLAUME DE TYR, XVIII, p. 32.) Lorsque les chrétiens perdirent la cité sainte, le couvent fut détruit, mais on respecta l'église souterraine. On employa les pierres de l'abbaye pour fortifier la ville. (*Assises de Jérusalem.*)

Depuis les croisés, l'église de l'Assomption de la sainte Vierge ne subit aucun changement notable.

Lorsque les musulmans devinrent maîtres de la Palestine, ils laissèrent subsister l'église et reconnurent les droits catholiques, mais selon le caractère des souverains et des gouverneurs, ou de leur cupidité et de leur intolérance, nos religieux et nos pèlerins devaient payer le droit d'y aller prier.

Les musulmans ont toujours eu beaucoup de vénération pour le tombeau de la sainte Vierge; ils y ont toujours eu un *mihrab* (lieu de prière), et pendant le seizième siècle, ils avaient même converti toute l'église en mosquée. La clef en était confiée à un scheik; c'était une branche de revenu, comme l'est encore aujourd'hui la clef du saint Sépulcre (SURIUS).

Par l'intervention de la reine, Jeanne de Naples, auprès du Sultan d'Égypte, cette église fut remise aux Franciscains, mais après plusieurs siècles de luttes et d'intrigues, les Grecs s'emparèrent du sépulcre de la Mère de Dieu, et aujourd'hui encore gardent arbitrairement ce saint lieu.

XXXVIII

Grotte de l'Agonie.

Le plus touchant sanctuaire de la terre. — Porte bardée de fer. — L'entrée de la Grotte. Sa nudité primitive. — L'autel du souterrain. — La sueur sanglante du Sauveur et son agonie mystérieuse.

La grotte de l'agonie touche pour ainsi dire le tombeau de la sainte Vierge.

Arrivés sur le parvis, un étroit passage entre deux murs nous conduit à une porte bardée de fer qui donne entrée dans la grotte. On y descend par un escalier de six marches. Elle a environ douze mètres de long sur sept de large. Cette grotte est taillée dans le roc; trois gros piliers soutiennent la voûte, au milieu de laquelle une espèce de soupirail laisse pénétrer un peu de jour.

Cet auguste sanctuaire appartient exclusivement aux *Pères de Terre-Sainte*, et, ici du moins, les catholiques sont chez eux ; leur piété est d'autant plus satisfaite, que la grotte a été conservée telle qu'elle était au temps du Sauveur. Sauf un autel qu'on y a élevé, on l'a laissée dans sa nudité primitive, que nous préférons à tous les ornements, souvent de mauvais goût, dont on a surchargé quelques autres sanctuaires.

Un autel occupe le fond de ce souterrain, où le Fils de Dieu sentit toute l'amertume du calice qu'il avait accepté de boire pour notre réconciliation.

C'est le rocher qui a entendu les plaintes de la victime du salut, qui a été arrosé de la sueur de son sang, pendant l'agonie mystérieuse qui précéda la trahison et la passion.

Nous contemplons avec une profonde émotion ces parois de rocher contre lesquels le Sauveur appuya son front divin, ce sol inégal sur lequel tombèrent les gouttes de sa sueur sanglante ! Qu'il fait bon prier dans ce sanctuaire. C'est peut-être un des plus pauvres qui soient au monde, mais nulle part, les sentiments que la foi seule inspire ne sont plus vifs et plus pénétrants.

Les premiers chrétiens bâtirent une église au-dessus de la sainte grotte, sous le vocable du Saint-Sauveur. (QUARESMIUS, t. II, p. 161.) Saint Jérôme en fait mention.

Depuis 1392, les Pères franciscains y disent la messe tous les jours.

XXXIX

Le Jardin de Gethsémani.

Un sentier escarpé. — De nombreuses ruines. — Le sommeil des Apôtres. — Le baiser de Judas. — Le jardin de Gethsémani. — Les huit oliviers témoins de l'agonie du Sauveur. Leur antiquité authentique.

En quittant la grotte de l'Agonie, nous nous rendons au jardin de Gethsémani, en suivant un sentier escarpé, qui monte vers le village situé au sommet de la colline.

Des bouquets d'arbres, au maigre et pâle feuillage, en couvrent les pentes, mêlés à quelques arbrisseaux d'une végétation chétive.

La montagne sainte est couverte de ruines; partout il y a des stations qui rappellent un souvenir biblique. Nous passons près d'un rocher qui garde trois empreintes de forme humaine. C'est là que le Sauveur trouva les Apôtres endormis, quand, dans son amère tristesse, il dit à Pierre : « Ainsi, vous n'avez pu veiller une heure avec moi! » (S. Matth., XXVI, 40.)

Au XII® siècle, il y avait en ce lieu une chapelle dite du *Sommeil des Apôtres*. Tout près de là, dans une sorte d'impasse, nous apercevons une colonne engagée dans le mur; c'est le lieu où Judas trahit son Maître par un baiser. Nous nous représentons dans le recueillement et le silence la scène émouvante de la trahison, l'épouvante des soldats renversés par cette seule parole du Sauveur : « C'est moi. » Nous nous trouvons devant une porte carrée, qui renferme une partie du jardin de Gethsémani. Cet enclos a été entouré d'un mur par les Pères franciscains qui en ont la garde. Il renferme les huit oliviers sous lesquels, selon la tradition, notre Sauveur pria lors de sa dernière heure. Les religieux, qui cultivent ce jardin avec amour, ont élevé à l'intérieur des barrières qui empêchent de toucher aux arbres vénérables dont les feuilles seraient bien vite arrachées si on les livrait à l'indiscrétion des pèlerins : il n'est permis que de prendre les débris que l'on trouve par terre. La porte du jardin est si basse, qu'il faut se plier en deux pour y entrer. Le frère Liéven nous dit qu'une mesure de sûreté oblige d'établir des portes basses pour se garder des cavaliers turcs, car en temps de troubles ou de guerre, les soldats entrent partout pour piller et sabrer ; il est donc urgent de faire des portes où il est impossible d'entrer à cheval. En outre, la porte est blindée de fer et munie de verrous énormes.

Nous pénétrons en ce lieu sous l'empire d'une profonde émotion pour y chercher la trace de l'auguste douleur qui l'a consacré. Nous sommes surpris de l'aspect riant de l'intérieur du jardin, qui forme un singulier contraste avec les rochers nus et désolés de l'extérieur. Une allée assez large, le long de laquelle est placé un chemin de croix, orné de tableaux, permet de faire le tour du jardin où le Sauveur se retira pour se préparer à la mort.

Des parterres bordés de buis et émaillés de fleurs entourent les huit oliviers séculaires que la piété chrétienne fait remonter aux jours de Jésus-Christ. Ces vénérables arbres ont environ vingt-cinq à trente pieds de circonférence; leurs troncs énormes sont couverts de nœuds et de crevasses, qu'on a remplies de pierres pour les protéger contre les coups de vent. Leurs immenses racines ont soulevé la terre et les pierres qui les recouvraient, en s'élevant de plusieurs pieds du niveau du sol.

Il n'est pas impossible qu'ils aient abrité sous leurs rameaux le Sauveur à l'heure solennelle de sa prière et de son agonie. Le frère Liéven nous dit qu'il est incontestable que ces arbres sont à la même place qu'ils occupaient lorsque l'islamisme s'empara de la Palestine, car les Mahométans ont ordonné, dès leur établissement dans ce pays, que tout arbre qu'on planterait désormais serait soumis à un impôt. Or les oliviers de Gethsémani n'ont jamais été imposés. Ils n'ont donc pas été plantés depuis l'invasion du mahométanisme, et remontent déjà à douze siècles.

Malgré leur grand âge, les cimes de ces oliviers sont couvertes d'un abondant feuillage. Les religieux recueillent avec soin leurs fruits pour en faire des chapelets fort recherchés.

Ce n'est pas d'un œil sec que nous nous arrachons à ces lieux et que nous reprenons le chemin de Jérusalem, pour rentrer à la *Casa-Nova*, afin de faire nos préparatifs de départ.

Pourquoi faut-il quitter si tôt ces sanctuaires augustes, où nous avons éprouvé des émotions qui n'ont rien de commun avec celles de la terre. Aussi les trois semaines que nous avons passées dans ces murs sacrés nous ont paru un songe. Mais si nous ne pouvons prolonger notre séjour à Jérusalem ni respirer plus longtemps le pieux parfum qui s'exhale de ses ruines, nous emportons son souvenir dans notre cœur, et nous espérons le garder aussi fidèlement que ses premiers enfants, captifs à Babylone.

Si oblitus fuero tui, Jerusalem, oblivioni detur dextera mea.

XL.

Départ de Jérusalem.

Entendu une dernière fois la voix du muezzin du haut du minaret. — Les rues plongées dans les ténèbres. — Essor du soleil sans que l'aurore annonce son approche. — Formation de la caravane. — Les pèlerins de *la Picardie* à la porte de Jaffa. — Une route sûre et carrossable. — Départ des petits groupes à cheval et en voitures. — Suprême regard vers Jérusalem. — Le mont Sion. — L'hôpital de Saint-Louis. — Les montagnes de la Judée.

A trois heures du matin nous sommes debout, et nous assistons à la messe du R. P. Picard, à l'église du Saint-Sauveur.

En traversant la rue pour rentrer dans la *Casa-Nova*, nous entendons pour la dernière fois la voix du *muezzin* qui, du haut du minaret, appelle les sectateurs de Mahomet à la prière; *Allah! il Allah!* Ce chant large, éclatant, se répand en notes puissantes dans la cité sainte.

Tous les pèlerins de la Picardie sont convoqués pour quatre heures et demie sur la grande place, devant la porte de Jaffa, où se forme la caravane. L'obscurité règne encore dans les rues, mais quand nous avons franchi la porte de la ville, tout à coup le disque du soleil se montre radieux à l'horizon, sans que l'aurore annonce son approche. Dans les pays chauds, il répand soudain des clartés éblouissantes. On comprend alors la beauté de la poétique comparaison de David, disant, dans les psaumes, que le soleil prend son essor comme un géant pour parcourir sa carrière.

Il y a une grande animation au lieu du rendez-vous des pèlerins ; chacun se met en quête d'une monture. Comme il y a une route carrossable, un certain nombre de voitures sont retenues par des pèlerins n'ayant pas gardé un agréable souvenir de leurs débuts équestres par la Samarie. La route était sûre ; on part à mesure qu'on est prêt, par petits groupes. On me donne un excellent cheval pour faire le trajet jusqu'à Jaffa.

Les yeux pleins de larmes nous jetons un suprême regard sur Jérusalem, où notre âme a éprouvé des joies intimes et un calme bienfaisant que nous emportons au-delà de la Méditerranée, et dont le suave parfum embaumera toute notre vie. Nous saluons une dernière fois le mont Sion et le Cénacle, puis nous passons devant le gracieux édifice de l'hôpital Saint-Louis, la colonie russe et l'établissement de Saint-Pierre. En vingt minutes nous sommes en pleines montagnes de Judée, inondées par les premiers feux du soleil. Partout il y a un luxe de couleurs, de souvenirs et de beautés qui émerveille nos regards.

XLI

Vallée de Térébinthe.

Collines couvertes de mûriers et d'oliviers. — Les exploits de David. — Les pierres du torrent. — Une des plus riantes vallées de la Palestine. — Colonieh. — *Abou-Gosch.* — Scheik légendaire. — Ibrahim-Pacha. — Emmaüs. — Latroun, patrie du bon Larron. — Courte halte dans une caravansaire. — *Bab-el-Wady.* — La plaine de Sarons. — Le Siroco. — Chaleur accablante.

Nous descendons dans la vallée de Térébinthe par un chemin escarpé, couvert de pierres arrondies qui glissent sous le pas de nos chevaux.

Cette vallée qui occupe une si grande place dans les souvenirs de notre enfance est resserrée entre des collines couvertes de mûriers et d'oliviers. Elle fut témoin des exploits de David, et c'est parmi les pierres qui encombrent le lit de ce même torrent qu'il choisit celles dont il s'arma contre Goliath.

Le Térébinthe, qui a donné son nom à la vallée, est un arbre célèbre en Orient; son feuillage ressemble à celui du laurier. C'est de la résine de cet arbre qu'on fait de la térébinthine; l'écorce est aromatique et se brûle comme l'encens. On confit les fruits, qui ont une saveur légèrement acide.

La vallée de Térébinthe est une des plus riantes de la Palestine. Quelques villages, entourés de nopals, sont échelonnés sur les coteaux et ombragés de sycomores ; des vignes vierges et des térébinthes animent cette nature à la fois grande, triste et sauvage.

La tradition judaïque n'a jamais oublié le lieu du triomphe de David. A l'endroit où Goliath roula dans la poussière, les premiers chrétiens élevèrent un monastère et une église.

Le village *Colonieh*, ancienne colonie romaine, nous montre de belles ruines coquettement blotties sous un bois d'orangers et de grenadiers.

C'est du sommet de *Modin* que Richard *Cœur de Lion* aperçut Jérusalem. Richard, l'Achille des Croisades, dit M. Poujoulat, pleura à l'aspect de cette citée, pour laquelle il avait pris la croix et l'épée, et que sa bravoure ne pouvait délivrer.

Nous passons à *Abou-Gosch*. Ce village, appelé par les chrétiens Saint-Jérémie, doit son nom au scheik légendaire, qui, pendant de longues années, terrifia le pays par ses brigandages. Ce terrible scheik s'était arrogé sur les tribus voisines une sorte de suprématie militaire, que sa forte position dans le défilé des montagnes qui mène à Jérusalem rendait très dangereuse. De Modina à Hébron, quinze mille Arabes obéissaient à ses ordres. Cette horde sauvage répandit partout la terreur, rançonnant les voyageurs, pillant les pèlerins, ne reculant ni devant la violence, ni devant le meurtre.

Enfin, *Abou-Gosch* était devenu une redoutable puissance avec laquelle l'autorité des pachas fut obligée de compter. En 1830, Ibrahim Pacha le poursuivit à main armée et mit fin à ses brigandages. Aujourd'hui encore, les Arabes d'*Abou-Gosch* passent pour les plus querelleurs, les plus pillards et les plus déloyaux de la contrée.

Dès les premiers relais, les pèlerins, secoués par les exécrables voitures du pays, se plaignent de ce mode de locomotion. Nous en rencontrons plusieurs assis sur les grandes pierres de la route, d'autres marchent pour dégourdir leurs membres endoloris.

Les montagnes de la Judée adoucissent leurs pentes à mesure que nous avançons, et nous laissons trotter nos chevaux, en cotoyant des ravins plantés de broussailles. Nous saluons de loin Emmaüs.

Nous voici à *Latroun;* la tradition place ici la demeure du bon larron, nommé *Dismas*. Jadis, il y avait une église; un château-fort y servait de repaire aux voleurs. Ibrahim Pacha le rasa, et l'église a disparu.

Vers midi, nous faisons halte dans une espèce de caravansaire, où l'agence Cook avait organisé notre déjeuner. Chaque pèlerin reçoit un petit paquet ficelé, renfermant du pain, des tranches de saucisson et du fromage; puis on distribue des oranges, du vin et de l'eau. Nous mangeons assis par terre, à l'ombre d'un pan de mur. Au bout de vingt minutes, il faut remonter en selle.

Après Bab-el-Wady, « la porte du Ravin, » ou débouché des montagnes, on entre dans la belle plaine de Sarons qui s'étend jusqu'à la mer.

XLII

Ramleh.

Des palmiers. — Des nopals au centre de l'oasis, la ville dans toute sa grâce orientale. — La tour des quarante martyrs. — La patrie de Nicodème. — Bonaparte. — Son quartier général au couvent des Pères franciscains. — Richard Cœur de Lion et son camp dans les plaines de Ramleh.

Le siroco se lève et tantôt nous rafraîchit, tantôt nous brûle le visage par son souffle embrasé. La chaleur devint accablante;

« Et toujours le soleil, couronné de splendeur,
« Poursuivant sa carrière, augmente son ardeur.

Nous rencontrons souvent des files de chameaux apportant des vivres à Jérusalem, puis des voitures vides qui ont conduit, la veille, les pèlerins de la Guadeloupe à Jaffa.

Nous approchons de Ramleh; de vigoureux oliviers, des sycomores, des dattiers aux stipes élancés, des figuiers couvrent au loin la campagne, les haies de nopals séparent les cultures verdoyantes; au centre de l'oasis, sur un flot de sable, Ramleh s'étend dans toute sa grâce orientale. Une ligne occidentale de dômes en ruine, de minarets et de palmiers se détache sur le ciel bleu foncé. C'est la ville arabe, avec sa magie lointaine, son prestige insaisissable.

Un curieux ensemble de bâtiments attire notre attention. C'est une vaste cour, environnée de constructions mauresques aux dômes en lanternes; une haute tour carrée est demeurée intacte, c'est la tour des quarante martyrs.

Jadis Ramleh avait une grande importance; à l'époque des croisades, c'était la seconde ville de la Palestine. Aujourd'hui Ramleh n'a que trois mille habitants, la plupart musulmans; il y a des grecs, des juifs et des catholiques. On croit généralement que Ramleh est l'ancienne Arimathie, la patrie de Nicodème et de Joseph, cet homme riche qui obtint de Pilate le corps du Sauveur, et eut le bonheur de l'ensevelir.

Pendant l'expédition française en Syrie, Bonaparte établit son quartier général dans les bâtiments du couvent des Pères franciscains; l'église fut transformée en hôpital. Plus d'un de ces braves fut enseveli dans la fosse commune, où dorment depuis des siècles les chevaliers morts au service de la croix, et à sept siècles d'intervalle des guerriers français vinrent partager la même tombe : « Le temps jaloux couvre les hauts faits de ténèbres et d'oubli. » Ces tristes plaintes n'eurent jamais de plus fidèle écho que dans les champs de Ramleh.

En 1103, les croisés y perdirent une bataille dans laquelle périrent les comtes de Blois, de Bourgogne et une foule de chevaliers. Le roi

Baudouin Iᵉʳ eut grande peine à s'échapper, en se cachant au milieu des bruyères. Les Sarrasins mirent le feu aux herbes sèches, et le prince fut sur le point d'être étouffé. A la faveur de la nuit, il réussit à entrer dans la ville, et grâce à la générosité d'un émir, qui lui devait de la reconnaissance, il rejoignit l'armée chrétienne.

En 1177 Baudouin IV eut le bonheur de venger cette défaite : à la tête d'une poignée de braves il tailla en pièces l'armée de Saladin, dix fois plus nombreuse que la sienne. Dans cette mémorable journée, la vraie croix, dit Guillaume de Tyr, parut grandir s'élever jusqu'au ciel et couvrir de son ombre tout l'horizon. Chrétiens et infidèles attribuèrent à un miracle cette victoire signalée. Deux fois Richard Cœur de Lion vint camper dans les plaines de Ramleh ; les tentes des croisés couvraient tout le pays.

Nous nous empressons de nous rendre au couvent des Pères franciscains, où nous attend une bienveillante hospitalité, et nous sommes heureux de prendre un peu de repos et des rafraîchissements.

Après nous être arrêtés pendant une demi-heure chez les bons Pères, nous suivons une plaine légèrement ondulée : c'est celle de Sarons, mentionnée souvent dans nos livres saints. En été elle est brûlée par le soleil ; au printemps c'est une magnifique prairie.

XLIII

Jaffa.

Jardins d'orangers. — Haies de cactus, mer de verdure, pailletée de fleurs blanches et de fruits d'or. — Dômes touffus de sycomores et de palmiers. — Vrai Éden. — Le Tasse et les jardins d'Armide. — Des cavaliers bedouins. — Maisons de Jaffa. — La place du Marché. — Population bruyante et bariolée. — Arabes, Grecs, nègres. — Chameliers d'Égypte. — La ville étagée en amphithéâtre. — Rues sombres, étroites et sales. — Souvenirs historiques. — Les navires de Salomon et le port de Joppé. — Sémiramis et son ample costume, adopté par les Orientaux. — Saint Pierre et Tabitha, Simon le corroyeur; sa maison près du rivage de la mer. — Saint Louis, le roi croisé, travaillant lui-même aux fortifications de la ville. — La reine Marguerite. — La ville retombe au pouvoir des infidèles.

En approchant de Jaffa, à deux kilomètres à l'est, nous entrons dans les jardins d'orangers, qui méritent toute la renommée dont ils jouissent. La route, qui a couru quelque temps sur le sable, entre des haies de cactus et des figuiers de Barbarie, s'abîme tout à coup dans cette mer de verdure pailletée de fleurs blanches et de points d'or. Oranges, citrons, grenades, brillent dans le sombre feuillage; on n'aperçoit que les dômes touffus des sycomores, des platanes ou des palmiers, qui dominent çà et là le massif.

A mesure que nous avançons, des bandes d'un bleu sombre apparaissent à travers les clairières des bois. Bientôt, entre la nappe de saphir et les dunes de sable brillant, nous voyons surgir les vieilles maisons de Jaffa, pittoresquement serrées sur leur rocher, étageant leurs terrasses blanches sous les murs crénelés. Nous nous croyons transportés dans un vrai Éden, et nous contemplons avec ravissement toutes ces merveilles. C'est ici sans doute que le Tasse plaça en imagination les jardins d'Armide. Nous respirons avec délices l'air parfumé, tandis qu'une brise de mer vient nous rafraîchir. De temps en temps un cavalier bedouin passe à côté de nous, monté sur un petit cheval, la tête enveloppée d'un mouchoir jaune et vert, sa longue lance appuyée sur la terre, puis nous échangeons quelques paroles avec des pèlerins, pressés comme nous, d'atteindre la ville et d'échapper à l'ardeur du soleil.

En sortant des jardins, nous tombons sur une vaste esplanade, en dehors de la ville où se tient le marché. Le spectacle est des plus animés et des plus pittoresques. Au milieu de chameaux que l'on charge et de tables couvertes de pyramides d'oranges, s'agite, crie et gesticule une population bruyante et bariolée, composée d'Arabes, de Grecs, de nègres, de femmes chrétiennes enveloppées dans leurs longs voiles, de chameliers d'Égypte et de matelots génois.

Nous franchissons la porte gothique, privée de

sa herse et de son pont-levis, et nous traversons la ville, encore entourée de son enceinte de murailles arabes.

Elle s'élève en amphithéâtre ; de vieilles maisons sont à cheval sur les rues voûtées. L'ensemble produit un effet original. Comme toutes les villes de la côte de la Syrie, ses rues sont sombres, étroites et sales.

Nous descendons au couvent des Franciscains, situé sur le port. Des rafraîchissements nous sont offerts et on nous accueille avec un empressement gracieux et charitable. Nous nous installons avec délices dans les frais cloîtres pour nous reposer un peu de notre traite de soixante-six kilomètres, en attendant l'arrivée des autres pèlerins pour nous embarquer.

Profitons de ce temps pour rapporter ici quelques souvenirs historiques. On sait que Jaffa passe pour être la plus ancienne ville du monde : c'est l'ancienne Joppé de la Bible. L'arche y fut construite, et Noé y entra lorsque l'esprit de Dieu cessa de demeurer avec les enfants des hommes. Les navires de Salomon entraient dans le port de Joppé chargés des cèdres du Liban et des matériaux que le roi Hiram fournissait pour la construction du temple de Salomon.

Nous voyons dans Diodore (t. II, ch. IV), que les Orientaux doivent à Sémiramis leur costume ample, élégant et si bien approprié à leur climat. Pour pénétrer dans l'intérieur de l'Asie, elle prit un vêtement large, dissimulant son sexe, et très propre à garantir son corps et son visage de l'impression du soleil pendant la route ; de plus, il lui laissait une pleine liberté pour les exercices de guerre : cet habit avait d'ailleurs tant de grâce, qu'il a été adopté par les Mèdes, ensuite par les Perses, et se voit encore dans presque toute l'Asie.

Le prophète Jonas vint s'embarquer à Joppé (Jaffa), pour Tharsis, afin de fuir la face du Seigneur. (*Jonas*, I, 3.)

La ville de Joppé compta de bonne heure un grand nombre de disciples de Jésus-Christ. Saint Pierre y ressuscita Tabitha. (*Actes*, IX, 40.) Là encore, le ciel lui envoya cette mission merveilleuse annonçant aux apôtres qu'ils ne devaient plus faire de distinction entre les juifs et les gentils lorsqu'ils trouvaient des cœurs disposés à s'ouvrir à la lumière de la vérité. Le prince des apôtres y reçut l'hospitalité chez Simon le corroyeur, près du rivage de la mer. Cette maison, jadis transformée en sanctuaire, est en ruines.

Prise et ruinée à l'époque du soulèvement des Juifs contre les Romains, la ville de Joppé se releva sous Constantin et eut longtemps un siège épiscopal. Les croisés s'en emparèrent, puis la perdirent en 1188. Ils la recouvrèrent plus tard, et saint Louis en rebâtit les fortifications. Le roi croisé, afin de stimuler l'ardeur des ouvriers, travaillait lui-même à cet ouvrage. La reine Marguerite, épouse de saint Louis, y donna naissance à une fille nommée Blanche. C'est à Jaffa que saint Louis reçut la nouvelle de la mort de sa mère.

Enfin, en 1286, la ville retomba pour toujours entre les mains des infidèles.

XLIV

La Traversée.

La rade inhospitalière de Jaffa. — Embarquement difficile. — Joie des pèlerins de se retrouver à bord de *la Picardie*. — Les adieux du bon frère Liéven. — On hisse l'échelle et on lève l'ancre.—Les côtes de la Judée disparues dans la nuit. — Triste réveil. — Un mort à bord. — Messe du *Requiem*. — Navrante cérémonie funèbre. — Le drap funèbre remplacé par le drapeau de la France. — *Dies iræ*. — Ensevelissement dans les flots. — Le commandant Fortier. — Changement d'itinéraire. — L'île de Crète. — Le détroit de Messine. — Brouillard intense. — Situation critique.— Le sifflet d'alarme. — Les côtes de la Sicile. — Magnifique panorama. — Le Stromboli. — Seconde nuit fatale et nouveau deuil. — Le frère Simon. — Les côtes de la Provence. — Le château d'If. — Notre-Dame de la Garde.

La Picardie se balance au large pour recevoir les pèlerins et ne demande qu'à quitter la rade inhospitalière de Jaffa, la plus mauvaise de la côte. Dans la saison des gros temps les navires peuvent rarement aborder, et les embarcations qui les font communiquer avec la terre ne les accostent point sans péril.

Nous montons dans une barque dirigée par de vigoureux rameurs arabes qui, debout sur leurs avirons, luttent contre la vague qui les rejette. Bien que la mer soit calme relativement, notre embarcation, agitée par les lames, gagne péniblement l'échelle de *la Picardie*. En y mettant le pied, nous sommes accueillis par des cris de joie qui se renouvellent à mesure qu'une nouvelle barque vient aborder. On est ravi de se revoir, de se communiquer ses impressions; tous les pèlerins semblent des membres d'une famille étroitement unie, tous sont remplis d'un saint enthousiasme.

Le bon frère Liéven, venu à bord pour nous faire ses adieux, est acclamé quand il quitte notre navire. A huit heures, tous les passagers sont arrivés; on hisse l'échelle, et on lève l'ancre par un temps superbe. Nous voyons fuir dans la nuit la terre mystérieuse et bénie qui a mis dans notre esprit lumière, paix et espérance. Bientôt la côte de la Judée a disparu, mais un trésor nous reste : le souvenir d'une vision sereine.

Un triste réveil nous attendait le lendemain, jeudi. La nuit, pendant que nous reposions paisiblement, un de nos compagnons s'était endormi pour l'éternité. Un jeune prêtre de vingt-sept ans, M. l'abbé Laurent, vicaire à Montluçon, distingué, intelligent et pieux, avait quitté Jérusalem étant fort souffrant; le trajet jusqu'à Jaffa, quoiqu'il l'eût fait en voiture, avait aggravé son état. Une crise violente se déclara trois heures après l'embarquement, et les soins dévoués du docteur du bord ne purent le sauver.

Rien de plus douloureux et de plus navrant qu'une cérémonie funèbre à bord, où les règlements sont sévères en pareil cas. Selon les prescriptions imposées à tous les navires; il faut que l'immersion ait lieu quelques heures après le décès. Cette circonstance rendait notre perte plus poignante encore.

Mourir à la fleur de l'âge, loin de son pays, loin des siens, ne pouvoir reposer dans une terre bénite! telles étaient les douloureuses réflexions qui agitaient notre cœur et faisaient couler nos larmes, pendant que des prêtres portaient le corps sur l'avant du navire, où l'on disait la messe du *Requiem*. Cette cérémonie ne pouvait être entourée de la pompe dont on la revêt dans une église. Le drap funèbre fut remplacé par le drapeau de la France, afin de rappeler, autant que possible, la patrie absente. Cent voix sacerdotales entonnent le *Requiem* autour de ce catafalque si simple et si touchant. Le solennel *Dies iræ* retentit comme la trompette du jugement au milieu des flots silencieux. Le recueillement des pèlerins est profond, et les officiers du bord, rangés autour de l'autel improvisé, assistent à la cérémonie. Après l'absoute, donnée comme pour un enterrement ordinaire, le navire s'arrête, et le corps, cousu dans une toile, avec une pierre attachée aux pieds, est posé sur deux planches que l'on hisse sur l'escalier du bord; et tandis que l'officiant entonne le chant du *Benedictus*, le défunt disparaît dans les flots.

Des sanglots répondent au bruit sourd de sa chute, et des frissons parcourent nos membres. L'émotion des pèlerins est indescriptible, et ce triste événement manifeste leur intime union :

ils prient et pleurent comme à l'occasion de la perte d'un véritable parent ; chacun pense avec une profonde pitié à la pauvre mère de cette seconde victime de notre pèlerinage.

Un voile de tristesse enveloppe de son ombre cette première journée de notre traversée. On garde le silence en méditant sur la fragilité de la vie humaine, semblable à ces paillettes d'argent qui scintillent sur les vagues et disparaissent si promptement.

On reprend le règlement comme au début du pèlerinage. Dès le lendemain on renoue les agréables relations, les charmantes causeries; les cœurs s'ouvrent à la joie comme une fleur penchée par un orage se relève aux rayons du soleil.

Le commandant Fortier se décide à nous faire suivre un autre itinéraire.

Nous longeons la Crète dans toute sa longueur, en passant par le détroit de Messine. Au point du jour nous apercevons les côtes d'Italie. Malheureusement, au lever du soleil, l'air s'imprègne d'humidité, la brume enveloppe les sommets de la Calabre, un brouillard intense nous environne, et l'on ne voit pas même le navire d'un bout à l'autre. La situation devient critique.

Le détroit n'a que trois kilomètres d'ouverture: impossible d'avancer, sans s'exposer à une rencontre, à un malheur.

Pendant plus d'une heure il faut attendre et

décrire une vaste circonférence autour du même point. Les officiers sur la dunette épient le moindre bruit, la moindre éclaircie. On prie et on chante à l'arrière, quand, tout à coup, le voile se déchire et nous permet d'apercevoir au loin la côte de la Sicile et le vaste panorama de Messine. Nous nous réjouissons trop tôt de ce magnifique spectacle. Nos signaux ne sont pas aperçus à Messine, et, pour comble de malheur, le brouillard s'élève de nouveau de la mer et nous enveloppe, aussi épais que la première fois. Le sifflet d'alarme retentit de moment en moment. Le commandant nous prie de cesser nos chants et de garder un profond silence, car le moindre bruit, en troublant les ordres transmis, peut amener un désastre. Enfin le rideau se lève et une décoration féérique se présente à nos yeux. Nous revoyons les sommets et les pentes des montagnes. A droite, les côtes de la Calabre; à gauche, la Sicile, Reggio, Messine et Cappo-di-Faro nous apparaissent. Nous arrivons à l'endroit le plus étroit du passage et aux écueils célèbres de Charybde et de Scylla, peu redoutables maintenant pour les gros navires. Nous saluons au loin le volcan de Stromboli, qui semble tirer ses flammes du sein des mers; il n'a pas daigné nous donner le spectacle d'une éruption; à peine avons-nous pu distinguer quelques bouffées de fumée. Les îles de Lipari surgissent gracieusement des flots, et leurs rochers se développent pittoresquement sur l'azur du ciel. Pendant quatre heures, nous jouissons de cette vue admirable. Nous essayons d'en prendre des croquis, mais c'est en vain : le navire reprend une grande vitesse, et les lignes changent continuellement. Le brouillard nous ayant fait éprouver un retard considérable, nous sommes privés de la vue du cap de Bonifacio.

La nuit du mercredi 7 juin est fatale : une nouvelle douleur cruelle nous est réservée. La mort s'abat une seconde fois sur notre pèlerinage pendant la traversée. Cette fois-ci, Dieu choisit sa victime parmi les religieux de l'Assomption. C'est le bon frère Simon que nous laissons dans les eaux de la Méditerranée, presqu'en vue des côtes de la France.

De bonne heure nous apercevons les côtes de Provence ; Hyères, Toulon, nous montrent leurs phares. Voici les grands rochers de Marseille, Notre-Dame de la Garde, assise sur son piédestal; le château d'If au milieu de l'azur de la rade s'éparpille autour des eaux.

XLV

Arrivée.

Débarquement laborieux. — Un mistral terrible. — Point de quarantaine. — Actions de grâce à Notre-Dame de la Garde. — Réunion à la Major. — Retour à Paris. — Conclusion.

Jeudi, à dix heures du matin, nous débarquons par un mistral terrible. Néanmoins, un vieux chalan réussit à s'approcher de *la Picardie*, et malgré le gros temps, quelques moments après, nous touchions terre et nous montions à Notre-Dame de la Garde pour lui rendre grâce de notre heureux retour.

Notre pacifique croisade est terminée ; il en restera parmi nous d'impérissables souvenirs et de sublimes consolations. Nous voudrions pouvoir ajouter que les souffrances et les prières, non des seuls pèlerins, mais des catholiques qui, de cœur, se sont unis à nous pendant ce voyage, plaideront devant le souverain Juge la cause de la France.

Comment l'espérer, quand partout retentit ce cri des anges rebelles : *non serviam.* Comment l'espérer, quand la France va jusqu'à renier l'autorité divine qui l'avait faite grande, honorée, prospère ? quand elle insulte l'image du Verbe incarné, de Jésus-Christ mort pour le salut du monde. La justice de Dieu ne va-t-elle pas frapper cette nation coupable?

Donc il faut implorer la divine miséricorde. Un nouveau pèlerinage de pénitence s'organise ; que tous les catholiques s'unissent par leurs prières à cette nouvelle phalange, allant demander le salut de la patrie.

Déjà Dieu a prouvé aux pèlerins sa paternelle protection, et en choisissant des victimes parmi les plus purs, ne nous a-t-il pas donné un signe d'espérance?

TABLE DES MATIÈRES

Introduction

Belle parole du Père Lacordaire. — La Croisade française des pèlerinages. — Les œuvres d'Orient 1

I. — *Le Départ.*

Enthousiasme. — Conversations. — Lyon. — Marseille. — N.-D. de la Garde. — Mgr Robert. — la Bénédiction des Croix. 1

II. — *L'Embarquement.*

Coup de canon. — *Ave maris Stella*. — Gros temps. — Les chevaliers français du XIX⁰ siècle. — Dominicains et Capucins. — Grand'messe, vêpres et salut à bord. — Ouverture du mois de Marie. — Poésie et éloquence. — Rencontres. — Érection de la Croix. — Débarquement à Caïffa. 4

III. — *Caïffa. — Le Carmel. — Saint-Jean d'Acre.*

Type d'une ville orientale. — *Bachiche*. — Les RR. PP. Carmes. — Visite aux Dames de Nazareth. — L'église paroissiale de Caïffa. — Jour de fête des musulmans, leurs repas dans les cimetières. — La chaîne du Carmel. — Végétation luxuriante. — Le monastère. — Trente moutons tués et un souper maigre. — *Dormitorium*. — Réveille-matin d'un nouveau genre. — Le cantique du Mont-Carmel. —

Un site idéal. — Souvenirs sacrés. — Élie. — Coucher du soleil. — La nuit sur le Carmel. — Saint-Jean d'Acre et son histoire. — L'hospitalité des religieux. — La grotte des prophètes. — Séparation. — Retour à Caïffa. — Le bon Frère Liéven. — Selles arabes, instruments de supplice. — Perdu, retrouvé. — En route pour Nazareth. — Le Cison et son histoire. — Le champ de bataille de Mageddo. 11

IV. — *Campement de Nazareth.*

La plaine d'Esdrelon. — Nazareth. — *Flos pulcher.* — L'église de l'Annonciation. — La Crypte. — L'atelier de saint Joseph. — L'église des grecs unis. — L'ancienne Synagogue. — *Notre-Dame del Tremore.* — Fontaine de la sainte Vierge. — *Mensa Christi.* — Procession aux flambeaux. — Levée du camp. — *Liber equus.* — Le Thabor. Naïm. Dothaïn. — El Foulch. — La vallée aux voleurs. — Bédouins. — Escorte renforcée d'un détachement de soldats turcs. 23

V. — *Campement de Djennin.*

Djennin. — Population hostile. — Messe et allocution du R. P. Picard. — Autel érigé sur une éminence au milieu du camp. — Simon le magicien. — La plaine de Safet. — Béthulie 35

VI. — *Sébastieh (Samarie).*

Le tombeau de saint Jean-Baptiste. — Sébaste. — Le pays et les habitants. 39

VII. — *Naplouse.*

La vallée de Sichem. — Le mont Garizim. — Les Samaritains. — Le *Pentateuque.* — École arabe. — Couvent des grecs non unis. — Temple protestant 43

VIII. — *Puits de la Samaritaine.*

Le champ de Jacob (Bir-Jacoub). — Le puits de la Samaritaine. 53

IX. — *Silo.*

Josué. — Torrent desséché, forteresse de Bordy el Bordouil 56

X. — *Les Montagnes d'Éphraïm.*

Le scibboleth. — Béthel et son histoire. — El Bireh. — Jésus perdu 57

XI. — *Campement de Sindjil.*

Sindjil. — Mitspa. — Un déjeuner d'officiers Turcs. — Beeroth. Ramah. 61

XII. — *Jérusalem.*

Le mont Scopus. — *Lætatus sum.* — Marche triomphale. — Chants sacrés. — Le saint Sépulcre. — Règlement de vie. — Godefroy de Bouillon. — L'intérieur de Jérusalem. — La *Casa-Nova* 65

XIII. — *Fête de l'Ascension sur le Mont des Oliviers.*

L'Ascension. — Les lépreux. — La porte de Saint-Étienne. — Le torrent de Cédron. — L'empreinte du pied gauche du Sauveur. — Latins, Arméniens, Cophtes et Grecs schismatiques. — Le Credo des apôtres. — La galerie du *Pater.* — Trente-deux langues. — La princesse de la Tour d'Auvergne. — Les Carmélites. — Le déjeuner et la sœur tourière. — Le minaret. — Panorama. — La vallée de Josaphat. — Le mont Moriah. — La Mosquée d'Omar. — Le mont Sion, le Golgotha 72

XIV. — *Béthanie et ses Souvenirs.*

Le Sauveur modèle de toutes nos affections. — Le tombeau de Lazare 81

XV. — *Le Calvaire et le saint Sépulcre.*

Joseph d'Arimathie. — L'empereur Adrien. — La statue de Vénus. — Constantin. — Sainte Hélène. — La vraie Croix. — L'église actuelle du Saint-Sépulcre. — Chemin de croix sur la voie douloureuse. — Les deux grandes croix d'olivier, portées par vingt prêtres et vingt laïques. — Les cavas du pacha et du consul de France. — Le palais de Pilate. — La caserne turque. — La colonne de sainte Véronique. — Le Père Marie-Antoine. 83

XVI. — *Le Patriarcat de Jérusalem.*

Statue de saint Pierre. — Mgr Valerga. — La cathédrale latine. — Mgr Bracco. — Le palais patriarcal. 89

XVII. — *L'Ordre du Saint-Sépulcre.*

Cérémonie de la réception des chevaliers du Saint-Sépulcre. 95

XVIII. — *Saint-Jean du Désert.*

L'ancienne piscine supérieure. — Le couvent de Sainte-Croix. — Aïn-Karim. — La maison de Zacharie. — Le *Magnificat*. — Notre-Dame de la Salette. — La fontaine de la Vierge. — Modine. — La grotte de Saint-Jean-Baptiste. — Les Dames de Sion. — Le proche parent de Joseph. — Marie et Zacharie. 102

XIX. — *Bethléem.*

La basilique de la Nativité. — L'autel des Mages. — Les chapelles des Saints-Innocents, de Saint-Jérôme, d'Eusèbe, de Sainte-Paule. — La grotte de Lait. — Les Bethléémites. — La dot des filles de Bethléem. — La grotte des Pasteurs. — Le champ de Booz. 111

XX. — *Les Vasques de Salomon.*

Beit-Djalla. — Le mont des Francs. — Un dévot musulman. — Les jardins fermés. — La forteresse Kalaar-el-Bourack. — La fontaine Scellée. — L'aïeule des cités juives. — Le vin d'or d'Hébron. — Le tombeau de Rachel. — Le couvent de Saint-Élie. — La Casa-Nova. 118

XXI. — *Le Sanctuaire de Sainte-Anne de Jérusalem.*

Le monastère. — Les missionnaires de Notre-Dame d'Afrique. — La variété des rites catholiques. — Mgr Mansour et l'Église grecque-unie. — Statue du Sacré-Cœur . 127

XXII. — *Pleurs des Juifs. — Le Temple de Salomon.*

Le quartier juif. — Sainte-Marie la Petite. — L'hôpital de Sainte-Hélène. — Bazars. — École de Saladin. — *Fons signatus.* — La porte de la Chaîne. — Les lamentations des Juifs 134

XXIII. — *Le Mont Sion. — Le Cénacle.*

La fête de la Pentecôte. — Le cimetière latin. — L'abbé Chambaud. — Le Cénacle et son histoire. — La maison de Caïphe. — La maison d'Anne. — Léproseries. — Les Pères de la Terre-Sainte. 140

XXIV. — *Le Saint Sépulcre.*

La chapelle de l'Apparition de Notre-Seigneur à la sainte Vierge. — La chapelle du Calvaire. — La fente du rocher. — Les gardiens turcs. — La pierre de l'Onction. — Les tombeaux de Godefroy de Bouillon et de Baudouin . 148

XXV. — *Une Nuit au Saint Sépulcre.*

Édicule du Saint-Sépulcre. — La rotonde. — La coupole. — La chapelle de l'Ange. — Le centre du monde. — L'ornementation du saint Tombeau. — Chœur des Grecs schismatiques. — Leur cérémonie du Feu sacré. — Le petit couvent des Pères franciscains à l'intérieur du saint Sépulcre. — Un souper d'anachorète. — La fête de la Pentecôte. — Le chant suave des Russes. — L'office de nuit des Pères franciscains à la chapelle latine. — Le *Simanterion*. — L'office des grecs, leur mélopée nasillarde et leurs innombrables *Kyrie eleison*. — Les arméniens et la chapelle de Sainte-Hélène. — Leur office et leurs splendides ornements. — La chapelle de l'Invention de la sainte Croix. — Matines et grand'messe des Pères franciscains au saint Sépulcre. — Le marbre du Tombeau servant d'autel. — Émotions indescriptibles. — Un dernier regard sur la façade du temple, enveloppée des premières teintes de l'aurore — Le parvis du saint Sépulcre. 154

XXVI. — *La Source d'Ézéchias.*

Le couvent des Dames de Sion. — La chapelle de l'*Ecce Homo*. — Les souterrains de l'ancien prétoire. — La source d'Ézéchias. 170

XXVII. — *La Mosquée d'Omar.*

Le parvis de la mosquée et les farouches gardiens. — Emplacement du temple de Salomon. — David et Nathan. — Alexandre le Grand. — Flavius Josèphe. — Le calife Omar. — Godefroy de Bouillon et les chanoines du Saint-Sépulcre.

— *Templum Domini*. — Le Haram-el-Chérif. — La Tour Antonia. — Dix portes. — L'ancienne cour des Gentils. — Cour des Israélites. — L'autel des holocaustes. — L'esplanade et les portiques de marbre. — Il faut changer de chaussure. — *Mekke-mel-Davour* (tribunal de David). — Le Saint des Saints. — La mosquée du Sakkrah, ou de la Roche. — La coupole, les mosaïques et les verreries. — La surface du Sakkrah. — L'aire d'Ornan. — Saladin. — Légendes. — L'empreinte du pied de Mahomet. — Les selles d'*El-Borak*. — L'étendard du prophète. — Le puits des âmes. — Salomon et les deux pies orgueilleuses. — L'arcade de la balance. — La mer d'airain 179

XXVIII. — *La Mosquée El-Aska*.

L'empereur Justinien. — Sept arcades et portiques de marbre. La sainte Vierge et la prophétesse Anne. — Salle d'armes des Templiers. — Le *Mihrab*. — La tombe de deux meurtriers. — Les étudiants musulmans réunis dans la mosquée El-Aska, à l'heure des cours. — Le Coran. — Doctrine de l'islamisme. — Fatalisme. — Triste sort des femmes musulmanes. — La prière, les ablutions, le jeûne du *Ramadan*, le pèlerinage de la Mecque, la dîme, l'essence de la religion mahométane pour chaque musulman. — Les minarets et le muezzin. — Agonie de la nationalité juive. — Bar Gioras. — Le spectre royal et les cavernes salomiennes. 196

XXIX. — *Promenade autour des Murs de Jérusalem*.

Le camp des croisés. — Position de Godefroy de Bouillon. — Tancrède. — Le faubourg de Bézétha. — Alexandre Jannée. — La grotte de Jérémie. — Les lamentations. — Un santon musulman 205

XXX. — *Cavernes royales*.

La troisième enceinte de Jérusalem, ses limites au temps de Titus, d'après Flavius Josèphe. — Respect des Juifs pour la sépulture des morts. 203

XXXI. — *Tombeau des Juges.*

Deux chambres funéraires.— Niches destinées aux membres du Sanhédrin. — Vestibule à fronton magnifique. — Loges funéraires superposées 209

XXXII. — *Tombeau des Rois.*

Somptueux monument Bézétha. — Grottes royales, désignées par Flavius Josèphe. — Tombeau taillé dans le roc. — Antique citerne. — Vestibule. — Frise sculptée. — Chambres sépulcrales. — Sarcophages ciselés. — M. de Saulcy. — Le squelette d'une reine. — Le chemin de Damas. — Alexandre et le grand prêtre Jaddus. — Tombeau de Simon le Juste. 211

XXXIII. — *Vallée de Josaphat.*

Le prophète Joël. — Le jugement dernier. — Monuments funèbres de l'ancienne Israël. — La vallée des Larmes.— L'ambition des Juifs de reposer dans la terre de leurs pères. — Les Mahométans s'arrogent le côté droit de la vallée de Josaphat. — Les tombeaux de saint Jacques, de Zacharie et de Josaphat. 215

XXXIV. — *Tombeau d'Absalon. — Torrent de Cédron.*

Le tombeau du mauvais fils. — Exécration séculaire. — David. — Le lit du Cédron. — Le Sauveur. — Tombeau de saint Jacques le Mineur, premier évêque de Jérusalem 218

XXXV. — *Siloë.*

Village turc. — Le mont du Scandale. — Fontaine de Siloë. — Source intermittente. — La piscine de Siloë. — L'aveuglené. — *Saint-Sauveur Illuminateur.* — Vénération des juifs et musulmans pour la fontaine de Siloë. — Saladin et le fleuve du paradis. — Martyre et sépulture d'Isaïe, près la fontaine de Royel. — Bir-Ayoub (le puits de Job). — Le feu sacré du temple caché dans le puits de Royel pendant la captivité de Babylone. — La vallée des fils d'Hinnon. — Jérémie et le vase d'argile. — Moloch, retraite des Apôtres 221

XXXVI. — *Haceldama.*

Le champ du sang. — Débris de poteries. — Un témoignage en faveur du texte sacré. — Sainte Hélène et le *Campo Sancto* de Rome. — L'arrêt du Sanhédrin. — La sépulture des étrangers. — *Le Charnier de Chaudenar.* — Haceldama et les chevaliers de Saint-Jean. — Petit édifice datant des croisés. 227

XXXVII. — *Tombeau de la sainte Vierge.*

Mont des Oliviers. — Le sépulcre de la sainte Vierge creusé dans le roc. — Grande église, portique en style gothique. — Tombeaux de saint Joseph, de sainte Anne et de Joachim. — L'église souterraine érigée par sainte Hélène et Constantin. — L'impératrice Pulchérie et Juvénal, évêque de Jérusalem. — La reine Mélissente. — Dévotion des musulmans pour la sainte Vierge. — Jeanne de Naples. — Le sultan d'Égypte et les Pères franciscains. Intrigues des Grecs pour leur arracher le tombeau de la mère de Dieu 229

XXXVIII. — *Grotte de l'Agonie.*

Le plus touchant sanctuaire de la terre. — Porte bardée de fer. — L'entrée de la grotte. Sa nudité primitive. — L'autel du souterrain. — La sueur sanglante du Sauveur et son agonie mystérieuse 234

XXXIX. — *Le Jardin de Gethsémani.*

Un sentier escarpé. — De nombreuses ruines. — Le sommeil des Apôtres. — Le baiser de Judas. — Le jardin de Gethsémani. — Les huit oliviers témoins de l'agonie du Sauveur. Leur antiquité authentique 236

XL. — *Départ de Jérusalem.*

Entendu une dernière fois la voix du muezzin du haut du minaret. — Les rues plongées dans les ténèbres. — Essor du soleil sans que l'aurore annonce son approche. — Formation de la caravane. — Les pèlerins de *la Picardie* à la porte de Jaffa. — Une route sûre et carrossable. — Départ des petits groupes à cheval et en voitures. — Suprême regard vers Jérusalem. — Le mont Sion. — L'hôpital de Saint-Louis. — Les montagnes de la Judée 240

XLI. — *Vallée de Térébinthe.*

Collines couvertes de mûriers et d'oliviers. — Les exploits de David. — Les pierres du torrent. — Une des plus riantes vallées de la Palestine. — Colonieh. — *Abou-Gosch.* — Sheik légendaire. — Ibrahim-Pacha. — Emmaüs. — Latroun, patrie du bon Larron. — Courte halte dans une caravansaire. — *Bab-el-Wady.* — La plaine de Sarons. — Le Siroco. — Chaleur accablante 242

XLII. — *Ramleh.*

Des palmiers. — Des nopals au centre de l'oasis, la ville dans toute sa grâce orientale. — La tour des quarante martyrs. — La patrie de Nicodème. — Bonaparte. — Son quartier général au couvent des Pères franciscains. — Richard Cœur de Lion et son camp dans les plaines de Ramleh 245

XLIII. — *Jaffa.*

Jardins d'orangers. — Haies de cactus, mer de verdure, pailletée de fleurs blanches et de fruits d'or. — Dômes touffus de sycomores et de palmiers. — Vrai Éden. — Le Tasse et les jardins d'Armide.—Des cavaliers bedouins.— Maisons de Jaffa. — La place du Marché. — Population bruyante et barriolée.— Arabes, Grecs, nègres. — Chameliers d'Égypte. — La ville étagée en amphithéâtre.—Rues sombres, étroites et sales. — Souvenirs historiques. — Les navires de Salomon et le port de Joppé. — Sémiramis et son ample costume, adopté par les Orientaux. — Saint Pierre et Tabitha. — Simon le corroyeur; sa maison près du rivage de la mer. — Saint Louis, le roi croisé, travaillant lui-même aux fortifications de la ville. — La reine Marguerite. — La ville retombe au pouvoir des infidèles 248

XLIV. — *La Traversée.*

La rade inhospitalière de Jaffa. — Embarquement difficile. — Joie des pèlerins de se retrouver à bord de *la Picardie*. — Les adieux du bon frère Lieven. — On hisse l'échelle et on lève l'ancre. — Les côtes de la Judée disparues dans la nuit.—Triste réveil.—Un mort à bord. — Messe du *Requiem*. — Navrante cérémonie funèbre. —Le drap funèbre remplacé par le drapeau de la France. — *Dies iræ*. — Ensevelissement dans les flots. — Le commandant Fortier. — Changement d'itinéraire. — L'île de Crète. — Le détroit de Messine. — Brouillard intense. — Situation critique. — Le sifflet d'alarme. — Les côtes de la Sicile. — Magnifique panorama. — Le Stromboli. — Seconde nuit fatale et nouveau deuil. — Le frère Simon. — Les côtes de la Provence. — Le château d'If. — Notre-Dame de la Garde 253

XLV. — *Arrivée.*

Débarquement laborieux. — Un mistral terrible. — Point de quarantaine. — Actions de grâce à Notre-Dame de la Garde. — Réunion à la Major. — Retour à Paris. — Conclusion 259

IMP. ALPH. LE ROY FILS, RENNES.

www.ingramcontent.com/pod-product-compliance
Lightning Source LLC
Chambersburg PA
CBHW060128190426
43200CB00038B/1081